아담의 문명을 찾아서

아담의 문명을 찾아서

1판 1쇄 발행 2015. 12. 24.
1판 2쇄 발행 2016. 2. 27.

지은이 맹성렬

발행인 김강유
편집 김상영 | 디자인 조명이
발행처 김영사
등록 1979년 5월 17일(제406-2003-036호)
주소 경기도 파주시 문발로 197(문발동) 우편번호 10881
전화 마케팅부 031)955-3100, 편집부 031)955-3250 | 팩스 031)955-3111

값은 뒤표지에 있습니다.   ISBN 978-89-349-7275-4 03900

독자 의견 전화 031)955-3200
홈페이지 www.gimmyoung.com   카페 cafe.naver.com/gimmyoung
페이스북 facebook.com/gybooks   이메일 bestbook@gimmyoung.com

좋은 독자가 좋은 책을 만듭니다.
김영사는 독자 여러분의 의견에 항상 귀 기울이고 있습니다.

이 도서의 국립중앙도서관 출판시도서목록(CIP)은 서지정보유통지원시스템 홈페이지
(http://seoji.nl.go.kr)와 국가자료공동목록시스템(http://www.nl.go.kr/kolisnet)에서
이용하실 수 있습니다.(CIP제어번호 : CIP2015031765)

아담의 문명을 찾아서

에덴신화에 숨겨진
고도문명의 실체

맹성렬 지음

김영사

나의 에덴 추적기

광산 노동자들은 엄청난 중노동에 시달렸다. 건강은 날로 악화되었으며, 더 이상 이렇게는 살 수 없다는 자각에 고용주에게 반항하기로 했다. 어느 날, 그들은 보스를 인질로 삼아 관리 책임자인 그의 이복형제에게 자신들을 중노동에서 해방시켜달라는 협상을 시도했다. 여기에 대한 대답은 주동자를 넘기면 소원대로 중노동에서 해방시켜주겠다는 것이었다. 결국 주모자는 체포되었고 광산 노동자들은 더 이상 중노동에 시달리지 않게 되었다.

이 이야기는 근대 산업혁명기에 서구의 어느 광산촌에서 있었던 노사분규 이야기가 아니다. 자그마치 5,000여 년 전에 메소포타미아 지역에서 기록된 수메르 신화의 내용이다. 여기서 중노동에 시달리다 반란을 일으킨 이들은 아눈나키Annunaki라는 기술자 신들이고, 억류된 보스는 엔릴Enlil이라는 주신 主神이며, 그를 구출해준 이복형제는 엔키

Enki라는 기술과 지혜의 신이다. 그런데 도대체 엔키는 어떤 방법으로 아눈나키들의 소원을 들어주었을까?

수메르 신화에서는 엔키가 반역 수괴를 죽인 후 진흙에 섞어서 인간을 만드는 것으로 되어 있다. 이렇게 원죄를 뒤집어쓰고 탄생한 인간들은 신들 대신 중노동을 하게 된다. 그런데 이 부분에 묘한 반전이 있다. 이들 인간들의 우두머리 격으로 탄생된 아다파Adapa라는 존재가 있는데 신들 못지않은 지혜를 갖고 있었던 것이다. 신들을 대신해서 단순 노역에 종사하는 존재로 인간들을 만들도록 예정되어 있었기에 엔키는 이 사실을 엔릴과 그들의 아버지 신인 안An에게 숨겼다. 하지만 아다파의 도드라진 행동을 안이 눈치채고 그를 소환하면서 문제가 생긴다. 엔키는 안의 눈을 속이기 위해 영생을 주겠다는 안의 엄청난 제안을 아다파가 지능이 모자라 거부하는 것처럼 보이도록 시켰다. 어디서 많이 들어보던 이야기와 주요 모티브가 겹치는 것 같지 않은가? 그렇다. 이 고대 메소포타미아판 신화는 구약 창세기 에덴동산의 아담 이야기와 '지혜와 영생'이라는 주요 모티브가 일치한다.[1]

수메르 창조 신화는 진흙을 재료로 인간을 만든다거나 신들이 영생을 누린다는 등의 초현실적 측면들은 구약 창세기와 일치하지만, 이런 부분적 요소들을 제외한 주요 골간은 근대 산업사회에서나 일어났을 법한 매우 사실적인 과정으로 전개된다는 측면이 주목할 만하다. 신들은 광물을 캐거나 수로를 열어 개간지를 만드는 데 열심인 산업 역군들이었고, 그들에게는 오늘날 산업사회에서 볼 수 있는 파업과 인질극까지 있었다. 그리고 그 해결 방법은 오늘날의 SF 작가가 제시하는 것보다도 더 현실적이기까지 하다.[2] 어쩌면, 고대의 신화들은 선사시대에 있었던 사회상에다 인간의 상상이 보태져서 탄생된 것이 아닐까? 이 경우 신들은 실제 오래 전 살던 사람들이 모델이었을 가능성이 제기된다. 그리고 수메르 신화는 사실상 신이 인간과 크게 구분되지 않음을 적시하고 있다.[3] 만일 이런 추론이 맞다면 인류 문명사에서 상당히 중요한 문제가 대두된다. 선사시대의 언젠가에 우리가 생각했던 것보다 훨씬 잘 조직된 산업사회, 즉, 초고대문명이 있었을 가능성이 바로 그것이다. 그런 문명이 있었다면 도대체 언제 어디에 있었을까?

히브리 창세신화는 수메르 신화와 주요 모티브를 공유하며, 근동 학자들 중 상당수가 에덴동산 이야기의 기원을 메소포타미아에서 찾는다.[4] 구약에서 야훼와 그가 모르게 아담에게 지혜를 주는 뱀이 수메르 신화에서는 각각 안과 엔키에 해당한다는 것이다. 실제로 지혜의 신임을 강조하는 엔키의 중요한 별명이 '유프라테스의 뱀신The Serpent Lord of the Euphrathes'이다.[5] 그런데 구약에서 야훼는 아담이 영생을 탐할까 봐 그를 에덴동산에서 쫓아내는 것으로 되어 있는데, 수메르 신화에서는 아다파가 안에게 처벌받을까 봐 영생을 탐하지 못하도록 하는 존재가 엔키, 즉 히브리 신화의 뱀인 것으로 되어 있다.

에덴은 평원을 가리키는 수메르어 에딘Edin에서 기원했다는 것이 관련 학자들의 공통된 의견이다. 신화 속 맥락에서 보자면 이곳은 수메르 신화에 등장하는 주요 신들의 주거지, 즉 만신전Pantheon이 있는 곳이다. 고대 메소포타미아 신화에서 최고신 안의 정원은 에리두Eridu에 조성되어 있으며 아다파가 그 정원을 가꾸는 정원사라고 되어 있다. 따라서 아다파가 엔키 신으로부터 지혜를 얻은 곳인 에리두가 히브리 신화의 에덴동산의 모델이 되었다고 많은 근동학자들은 주장한다.[6] 그들은 신화 속에 등장하는 도시 에리두가 메소포타미아 땅에 존재했었다고 믿고 있다. 실제로 메소포타미아 남부에 에리두라는 지명이 있고, 거기에서 오래 전부터 지어진 엔키 신의 신전들이 발굴되었다. 하지만 신화의 맥락을 잘 살펴보면 진짜 에리두는 메소포타미아가 아닌 다른 곳에 존재하며, 메소포타미아의 에리두는 신화 속 장소를 현실 공간에 구현한 곳일 따름임을 깨달을 수 있다.[7] 그렇다면 도대체 원래의 에덴동산은 어디에 있었을까?

지난 100여 년 동안 신들의 낙원인 에덴동산이 정말 역사 속에 존재했다는 굳은 믿음으로 여러 학자들이 그곳이 어딘지 찾아 헤맸다. 그 결과 북극에서부터 유럽 각처, 근동 지역, 아프리카, 심지어는 중국과 북아메리카에까지 걸쳐 다양한 곳이 에덴으로 지목되었다.[8] 그런 주장들에는 나름 그럴듯한 근거가 있었지만 구약 창세기나 수메르 신화에서 고대 역사의 자취를 찾는다는 사실 자체가 의미 없다고 본 다수의 지식인들에게 비아냥과 조소의 대상이 되었다.

에덴 추적은 최근까지도 계속되고 있다. 데이비드 롤David Rohl이나 앤드루 콜린스Andrew Collins와 같은 대체역사학자들은 주로 신앙적 동기로 나섰던 이전의 '에덴 추적자들'보다 좀 더 고고학적, 역사적인 접근을 시도함으로서 상당한 대중적 반응을 이끌어냈다. 그런데 이들이 지목한 에덴동산이 있었던 곳은 터키의 우르미아호Lake Urmia나 반호Lake Van 일대라고 한다.[9] 정말 그럴까?

에덴동산에만 초점을 맞추지 않고, 고대 이집트와 수메르 신화 및 전 세계 신화들이 천문학적 정보에 바탕을 두고 있다는 굳은 신념으로 신들의 흔적을 찾는 또 다른 유형의 역사 추적자가 있으니 그레이엄 핸콕Graham Hancock이 바로 그다. 그의 책에서 신들은 4대 문명 이전의 문명을 건설한 문화영웅들이며, 그들의 자취를 찾는 가장 중요 단서는 지구의 세차운동歲差運動이다. 이런 시도를 통해 그는 신들이 남긴 유적임이 분명한 기자 대피라미드 건축 시기를 1만 2,000년 전이라고 주장해 주류 고고학계의 공분을 샀다. 그렇다면 그가 말하는 초고대문명인들, 즉 신들의 고향은 어디일까? 그의 대표적인 베스트셀러 《신의 지문Fingerprints Of the Gods》에서 밝힌 신들의 고향은 현재 기술로는 검증이 불가능한 남극 얼음 수천 미터 아래다.[10]

최근 신들의 본거지 찾기 경쟁에 유전학자도 뛰어들었다. 스티븐 오펜하이머Stephen Oppenheimer는 자신의 전공인 유전학에 신화학, 인류학, 그리고 지질학을 접목시켜서 1만여 년 전 에덴이 동남아시아의 순다열도에 있었다는 결론이 담긴 책《동쪽의 에덴Eden in the East》이라는 책을 세상에 내놓아 학계의 논란을 일으켰다.[11]

신들의 고향 찾기를 추구하는 것은 주류 학문의 입장에서 보면 학계의 비주류 이단아들의 헛된 역사 놀이쯤으로 비칠 것이다. 하지만 나는 그들의 시도에 충분한 근거가 있다고 생각한다. 나는 아마추어 이집트 신화학자로서 신화 속에 숨겨진 궁극적 진실을 찾는 작업을 오랫동안 해왔고, 그 결과물로 2009년에《오시리스의 죽음과 부활》이라는 연구서를 저술해 간행물윤리위원회에서 주는 학술상을 받았다.[12] 사실 그 책은 초고대문명의 존재에 대한 내 연구의 부산물이라고 할 수 있다.

처음부터 나는 직관적으로 고대 이집트문명 이전에 어떤 문명이 존재하지 않고는 5,000년 전에 갑작스럽게 찬란한 문명이 시작된 것을 설명할 수 없다는 생각을 하고 있었고, 20년 전 이집트를 직접 방문해 이런 직관이 옳다는 확신을 갖게 되었다. 만일 이것이 사실이라면 그 오래 전 잊혀진 문명의 주인공들은 누구였을까? 고대 이집트인들이 신들로 묘사한 이들이 바로 그들일 수밖에 없을 것이다.

사실 고대 이집트의 신화는 단편적이며 대부분 상징적인 내용으로 가득 차 있어 어떤 역사적 실체를 거기서 찾아내기란 매우 어렵다. 그럼에도 불구하고 오랜 연구를 통해 단서들을 찾아냈으며, 최근 수메르 신화가 고대 이집트 신화와 '오시리스'라는 신을 둘러싼 에피소드에서 겹치는 부분이 존재한다는 사실을 발견하면서 상당한 진전을 보게 되었다.

앞에서 살펴보았듯이 수메르 신화의 주요 부분은 우리가 익숙한 그리스 로마 신화와는 사뭇 다르게 매우 현실적인 내용으로 가득하다. 신들은 광물을 캐거나 수로를 열어 개간지를 만드는 데 열심인 문명인들이었다.

이 책에는 신들의 자취를 찾기 위한 나의 지난한 작업이 소개되어 있으며, 신화학과 언어학적인 철저한 고증을 거쳐 마침내 그곳이 어딘지를 알아냈다고 감히 선언하고자 한다. 독자 여러분들이 1만 년을 거슬러 올라간 나의 지적 탐험에 동참해 과연 신들의 낙원에 대한 나의 발견이 충분히 설득력이 있는지 확인해주기 바란다.

2015년 12월

맹성렬

1.

고지도에 남겨진
문명의 흔적

　　2015년 3월 어느 날 자정 무렵 YTN 뉴스에서 아주 흥미로운 보도를 접했다. 아마존으로 날아드는 황사가 매우 유익하다는 내용이었다. 우리들에게 황사는 백해무익한 존재로 각인되어 있다. 중국에서 날아오는 황사가 중금속오염으로 우리 국민의 건강에 '독'이 되기 때문이다. 그런데 도대체 지구 반대편에선 황사가 '약'이 된다니 그 이유가 대체 뭘까?

　　아프리카 대륙의 사하라사막에서 바람을 타고 멀리 다른 지역으로 날아가는 황사는 매년 1억 8,000톤에 달하는 것으로 알려졌다. 이 중에서 약 15퍼센트가 아마존 분지에 쌓인다고 한다. 바로 이 모래가 아마존에 약이 된다는 것인데 그 이유는 여기에 인 성분이 2만여 톤이나 포함되어 있기 때문이다. 인은 식물의 광합성에 있어 필수 영양소다. 아마존 열대우림 지역에서는 잦은 강우로 씻겨나가기 때문에 인 성분이 많이 부족하다. 따라서 외부로부터의 지속적인 공급이 끊어지면 아마존이 황폐화되었을 텐데, 사하라로부터 날아오는 황사 덕분에 지구상에서 가장 울창한 밀림 지대를 유지하고 있다는 것이다.

그런데 도대체 사하라사막 모래에 인 성분이 풍부한 이유가 무엇일까? 전문가들은 과거 사하라 지역에 거대한 호수가 있었는데 그곳에 살던 물고기의 뼈가 인 성분의 바탕이라고 말한다. 사하라사막이 호수였다고?

| 서구보다 100년 앞선 아프리카의 모습 |

2002년 영국의 BBC 방송이 "세계에서 가장 오래된 아프리카 지도가 모습을 드러내다"라는 제목의 보도를 했다. 서기 1389년에 명나라에서 제작된 〈대명혼의도 大明混一圖〉가 그 지도라는 것이다.[13] 그런데 사실 표현에 문제가 있다. 기원 이전까지 거슬러 올라가서도 아프리카 대륙이 표시된 지도가 존재하기 때문이다. 하지만 문제의 지도에서는 남단의 희망봉 부근이 뾰족하게 묘사됨으로서 아프리카 대륙 모습이 역삼각형 모양으로 제대로 표시되어 있다는 점에서 이전 지도와는 확연히 차별된다. 서구에서는 포르투갈인들이 희망봉을 경유하는 인도항로를 개척하고 1500년대 초에 이르러서야 아프리카 대륙 모습이

제대로 묘사된 지도가 등장한다.[14] 그렇다면 동양의 누군가가 서구 탐험가들보다 100년 이전에 아프리카 대륙의 남쪽 끝까지 탐험했다는 말인가?

그런데 사실 이 지도가 아프리카 대륙 모습이 제대로 묘사된 현존하는 최고最古 지도가 아니라는 반론이 제기되었다. 17세기 이후에나 등장하는 지명들이 기록되어 있다는 사실이 드러났기 때문이다.[15] 그렇다면 아프리카가 제대로 묘사된 지도가 서구보다 100년 전쯤 제작되었다는 주장은 모두 날조된 것인가?

그렇지는 않다. 1402년에 〈대명혼의도〉와 거의 동일한 모습의 아프리카 대륙 모습이 담긴 또 하나의 지도가 제작되었다는 확실한 증거가 존재하기 때문이다. 〈혼일강리역대국도지도混一疆理歷代國都之圖〉(이하 〈강리도〉)가 그것이다. 놀랍게도 이 지도의 제작자들은 조선 초의 신료들이다.[16]

그런데 사실 최초로 아프리카 대륙의 모습이 제대로 묘사된 지도가 〈대명혼의도〉냐 〈강리도〉냐 하는 문제는 그리 중요하지 않다. 이 두 지도 모두 1320년대에 제작된 원나라 주사본朱思本의 〈여지도輿地圖〉를 필사했다는 증거가 있다.[17] 서구보다 150년 이상 이른 시기에 중국에는 아프리카 대륙 남단에 대한 비교적 정확한 지리 정보가 알려져 있었던 셈이다.

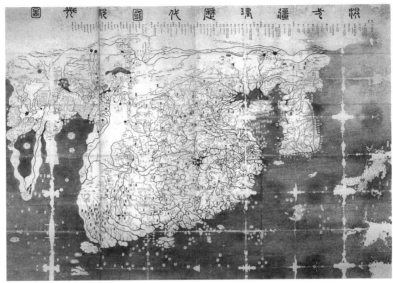

〈혼일강리역대국지도〉. 맨 왼쪽에 역삼각형 모양으로 된 아프리카의 모습이 잘 나타나 있다. 오른쪽의 한반도가 실제보다 크게 그려진 것은 조선의 신료들이 고의적으로 한 것이다.

| 〈알-이드리시 지도〉가 최초인가? |

그런데 어떻게 이렇게 오래 전에 아프리카 대륙의 해안선 모습이 상당히 정확하게 알려진 것일까? KBS 〈문명의 기억, 지도〉 제작 팀의 추적에 의하면, 이 지도의 아프리카 남단 해안선 부분에 대한 정보는 아랍으로부터 유입되었을 가능성이 있다고 한다. 일찍이 12세기 이전부터 인도양을 누비던 아랍 항해가들의 지도를 참고해서 〈강리도〉

가 만들어졌다는 것이다. 그들은 이런 추정의 근거로 1154년에 제작된 〈알-이드리시 지도〉를 제시한다. 이 지도에는 〈강리도〉에서와 같이 나일강의 수원지인 '달의 산'이 표시되어 있을 뿐 아니라 아프리카 남부에 해당하는 소팔라(오늘날 모잠비크)까지 표시되어 있다.[18]

하지만 비록 마르다스카섬과 마주보고 있는 소팔라가 아프리카 남쪽 지역에 해당하지만, 희망봉과는 상당히 떨어져 있어 아랍인들이 소팔라까지 갔었다고 해도 그들이 희망봉 인근까지 도달했었다고 함부로 단정할 순 없다.

특히 〈알-이드리시 지도〉에는 아프리카가 바다에 둘러싸인 대륙이라는 정보가 담겨 있지 않아 아랍인들이 정말 희망봉을 돌아 아프리카 서해안 쪽까지 확인해보았는지는 의문이다. 〈강리도〉에는 희망봉을 기점으로 아프리카 대륙의 해안선이 서해안과 동해안이 나뉘지

〈알-이드리시 지도〉. 아프리카가 바다에 둘러싸인 대륙이라는 정보가 담겨 있지 않다.

는 것이 아주 명확하게 묘사되어 있다. 따라서 나일강 발원지인 '달의 산' 이외에 아프리카 대륙 남단 희망봉 부분까지 〈강리도〉와 〈알-이드리시 지도〉를 연관시키는 것은 무리다.

| 아프리카를 탐험한 그들은 누구인가? |

KBS 〈문명의 기억, 지도〉 제작 팀은 〈강리도〉의 아프리카 부분에 대한 정보를 로마제국 시절까지 거슬러 올라가서 찾는다.[19] 그들은 로마제국의 그리스 출신 천문학자 프톨레마이오스Klaudios Ptolemaios가 최초로 '달의 산'을 묘사하고 있다는 사실로부터 그와의 연관성을 발견했다. 그렇다면 혹시 희망봉 근처 남쪽으로 뾰족하게 묘사된 아프리카 남단 해안선에 대한 정보 역시 그 시대부터 알려져 있었던 것은 아닐까? KBS 제작 팀은 이 부분에 대해서는 별로 관심이 없었던 것 같다.

　프톨레마이오스 지도는 확실히 〈알-이드리시 지도〉보다는 아프리카 동해안에 대한 묘사가 뛰어난 측면이 있다. 하지만 오른쪽 그림에서 보듯이 역삼각형의 아프리카 해안선 윤곽에 대한 아무런 정보도 담겨 있지 않다.

　따라서 〈강리도〉의 아프리카 대륙 부분을 직접적으로 프톨레마이오스와 연관시키는 것은 무리이며, 단지 나일강 수원지에 대해서는

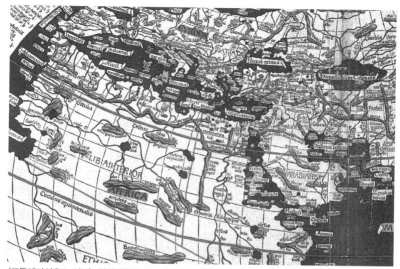

〈프톨레마이오스 지도〉. 역삼각형의 아프리카 윤곽선에 대한 아무런 정보도 담겨 있지 않다.

비슷한 지식을 공유하고 있었지만 아프리카 대륙의 전반적인 상황에 대해서는 훨씬 높은 수준의 지식을 갖고 있던 또 다른 학자 또는 학자들에 의해 이런 지식이 전해졌다는 가설을 세워야 한다. 그렇다면 그 또는 그들은 누구였을까?

| 페니키아인들의 아프리카 해안 일주 |

기원전 610년에서 595년까지 고대 이집트를 통치했던 파라오 네코

2세가 페니키아인들을 시켜 아프리카 대륙을 일주시켰다는 고대 그리스 역사학자 헤로도토스Herodotos의 기록이 있다.[20] 당시 이집트인들은 장거리 해양 운항 능력이 없었으나 페니키아인들은 지중해 남쪽 아프리카 해안의 해상권을 쥐고 있었고, 멀리 영국까지 무역을 할 정도로 대양 항해에 출중한 능력이 있었다.[21]

네코 2세는 나일강에서 아라비아반도 쪽 홍해까지 운하를 건설하여 아프리카 동부 해안의 해상권을 장악하려 시도했으나 실패했다. 이 때문에 차선책으로 택한 것이 페니키아인들을 동원해 동부 아프리카 해안을 탐사하는 것이었다. 홍해에서 출발한 페니키아인들은 인도양 쪽에서 아프리카 대륙을 빙 둘러 항해한 후 대서양으로 진입했고 결국 지중해를 통해 이집트로 되돌아왔다. 이 항해는 3년 정도 소요되었다고 한다. 탐사 전에 네코 2세나 페니키아인들은 아프리카가 거대한 대륙으로 아시아 쪽을 제외하고는 온통 바다로 둘러싸여 있다는 사실을 몰랐던 것 같다. 이 항해를 통해 비로소 그들이 아프리카 대륙의 전체적인 모습을 파악할 수 있었다는 헤로도토스의 이 기록은 얼마나 신빙성이 있는 것일까? 헤로도토스는 처음 출발할 때 왼쪽에서 뜨던 해가 어느 때인가부터 오른쪽에서 뜨기 시작했다는 항해자들의 기록을 소개하면서 자신은 이런 주장을 믿지 않는다고 명기해놓았다. 이 모든 정황은 역사 기록자로서 헤로도토스의 진실성을 의심할 수 없게 만든다. 왜냐하면 지구가 둥근 이유로, 아프리카 동쪽 해안선을 따라 남하할 때 왼쪽에서 떠오르던 태양이 희망봉을 지나 서쪽 해안을 따라 북상할 때에는 당연히 오른쪽에서 떠오르게 되기 때문이다. 페니키아인들은 자신들의 항해 기록에 충실했고, 헤로도토스는 이를 가감 없이 기록했으며, 그러나 지구과학 상식이 없었던 그는 이 사실을 믿을 수 없다고 자신의 의견을 밝혔던 것이다.[22]

만일 헤로도토스의 기록대로 고대 이집트의 주도 아래 아프리카 대륙 전체 해안선에 대한 탐사가 이루어졌다면, 다음과 같은 순서로 〈강리도〉에 아프리카 대륙 모습이 반영되었다고 설명할 수 있겠다. 우선 고대 이집트의 지리적 기록이 고대 그리스로 넘어갔다. 고대 그리스문명이 쇠퇴하면서 이 정보가 다시 로마제국이나 아랍권으로 넘어갔고, 마지막으로 칭기즈칸의 아랍권 정복에 의해 원나라에까지 전달되었다.

그렇다면 아프리카가 바다에 둘러싸인 대륙이라는 헤로도토스의 기록이 고대 그리스 지도에 구현된 것이 있을까? 있기는 있다. 기원전 6세기경 고대 그리스의 아낙시만드로스 Anaximandros가 생각했

아낙시만드로스가 생각한 세계지도.

던 세계지도를 보면, 아프리카 대륙의 바다에 둘러싸인 모습으로 그려져 있다. 하지만 희망봉 주변의 역삼각형 모습과는 큰 차이가 나서 〈강리도〉에 구현된 바와는 상당한 거리가 있다.[23]

| **〈강리도〉에 드러난 아프리카 속의 바다** |

〈강리도〉에 표현된 아프리카 대륙의 모습.

〈강리도〉에서는 단지 아프리카 대륙 남부 해안선이 제대로 묘사되어 있다는 점만 문제되는 것이 아니다. 이 지도를 살펴보면 아프리카 대륙 안에 거대한 호수가 존재하는 것을 알 수 있다. 묘사된 호수 크기가 너무 커서 호수라기보다는 차라리 내해內海라고 불러야 할 정도다. 오늘날 아프리카 대륙 지도와 비교해보면 도저히 이 지도가 어떤 현실을 반영하고 있다고 상상조차 할 수 없을 정도다. 도대체 이 호수의 정체는 무엇일까?

KBS 〈문명의 기억, 지도〉 제작 팀은 이 호수가 우기에 범람하는 나이저강이 사하라 남부 지방을 잠기게 한다는 소문을 반영한 것이라는 식의 주장을 소개하고 있다.[24] 실제로 우기에 나이저강이 범람하면 짧은 시간 동안이나마 2만에서 4만 제곱킬로미터에 해당하는 '이너 나이저 삼각주Niger River Inner Delta'[25]가 물로 찬다. 하지만 수면적 7만 제곱킬로미터로 범람기의 이너 나이저 삼각주 수역보다 훨씬 더 넓은 빅토리아호를 그려 넣은 것이라고 우기는 것이 차라리 나을 것이다.

나이저강 범람이 〈강리도〉에 반영되었다는 주장은 그 크기나 위치 측면에서 적절치 않다. 이너 나이저 삼각주 크기는 아프리카 대륙 크기의 1/300 정도밖에 되지 않으며 뒤의 그림에서 보듯 아프리카 대륙 북서부에 치우쳐 있다.

그렇다면 〈강리도〉에 표현된 아프리카 대륙 전체 크기와 비교될 정도로 큰 호수는 전혀 현실성 없는 것이란 말인가? 아니다. 먼 옛날에 실제로 어마어마하게 큰 초거대호들이 사하라사막과 콩고분지에 걸친 아프리카 대륙 중앙부에 존재했었다.

기원전 11000년 이전부터 아프리카 대륙 사하라사막 자리에 초거대 차드호Lake Mega-Chad가, 그리고 남쪽 아프리카 대륙 중앙부에는 콩고호Lake Congo라는 원시 호수들이 존재했다. 마지막 해빙기가 끝나던

1만 년 전 차드호와 콩고호가 있었을 때의 아프리카 대륙 지도에 현재 우기의 이너 나이저 삼각주를 표시한 가상 지도.

기원전 6500년경에 이 원시호들은 그 크기가 최대가 되었는데 면적이 각각 100만 제곱킬로미터 정도 되었을 것으로 추정된다. 아프리카 대륙 전체 면적의 20퍼센트에 가까운 넓이다. 기원전 8000년경부터 콩고호가 넘치면서 대서양 쪽으로 물길이 났으며, 이를 통해 물이 빠지기 시작했다. 이 물길이 오늘날의 콩고강이다. 기원전 4000년경에는 콩고호가 완전히 사라지고, 초거대 차드호가 40만 제곱킬로미터 크기로 줄었다. 기원전 2000년경엔 초거대 차드호가 보델레호와 그 서남쪽의 차드호로 나뉘었는데 각각 면적이 10만 제곱킬로미터 남짓

되었다. 오늘날 보델레호는 완전히 사라지고, 2,000제곱킬로미터로 줄어든 면적의 차드호만 존재한다.[26]

| 〈강리도〉에는 초고대문명이 숨어 있다 |

이처럼 8,000~10,000여 년 전의 아프리카 지형은 〈강리도〉의 아프리카 대륙 묘사와 상당히 닮았다. 결국 희망봉 부근을 포함하여 〈강리도〉의 아프리카 대륙 부분은 누군가가 그 정도 오래된 시기에 관찰한 바를 바탕으로 묘사되었다는 추정이 가능하다.

이런 추정 연대는 주류 역사학계의 분류대로라면 구석기시대에서 막 신석기시대로 넘어가던 시기로 미개인들이 겨우 돌을 깨거나 갈아서 도구로 사용하기 시작하던 때에 해당한다. 어떻게 이런 시기에 누군가가 아프리카 대륙의 해안선과 원시 호수의 호안선 윤곽을 그럴듯하게 어림할 수 있었느냐고 하면서 주류 학자들이 이런저런 반론을 제기할 것이다.

나는 지금부터 1만여 년 전 사람들도 오대양 육대주를 누비는 장거리 여행을 통해 지리적 정보를 축적할 충분한 능력이 있었다고 생각한다. 따라서 〈강리도〉에 반영된 아프리카 대륙 정보가 이 정도로 오래 전에 취득되었을 가능성이 충분하다고 믿는다. 물론 현재의 인류

문명론을 적용하면 이는 얼토당토않은 주장일 것이다. 하지만 나는 기원전 3000년 무렵 최초로 인류 문명이 발생했다는 주류 학계의 주장에 동의할 수 없으며, 이들 문명들 이전에 모체가 된 문명이 존재했을 것이라고 생각한다. 그런데 정말로 그런 뛰어난 능력을 가진 종족들이 그 당시 존재했다면, 그들은 아마도 아프리카 대륙에 지대한 관심을 가졌던 것 같다. 〈강리도〉에서 그런 흔적을 엿볼 수 있다. 그렇다면 그런 오래된 문명의 유산을 어디서 발견할 수 있을까? 아프리카 대륙에서 가장 융성했던 고대 이집트문명이 그런 자취를 찾는 첫 단서를 제공해주리라 기대된다.

2.

에라토스테네스의 조작극과 초고대문명의 진실

내가 에라토스테네스Eratosthenes(기원전 275~기원전 195)라는 이름을 처음 접한 것은 중학교 2학년 때였을 것이다. 교육열이 높으셨던 어머니가 세계문학 전집, 대백과사전, 과학 전집류들을 사주셨는데 물리학, 천문학, 그리고 지구과학에 관심이 많던 나는 과학 전집류를 즐겨 읽었다. 갈릴레이, 뉴턴, 아인슈타인과 관련된 내용을 읽으면서 그들의 학문적 성취에 항상 경외감을 느끼곤 했다. 그런데 이들 외에도 내가 학문적 경외감을 느낀 특별한 사람이 또 한 명 있었으니 그가 에라토스테네스였다. 지금부터 2,000여 년 전에 살았던 그가 기본적인 천문학적, 지구과학적 지식을 동원해 지구의 크기를 매우 정확하게 측정했다는 사실이 내게는 너무나도 놀라왔다. 나는 당시에 인류가 미개 상태에서 문명기로 접어든 뒤 단선적으로 진보했다는 생각을 갖고 있었다. 즉, 인류는 원시시대에는 수렵 채취에 전적으로 의

존한 삶을 영위하다가 이보다 진보된 단계인 농업과 목축을 하게 되었으며, 이런 상태가 더욱더 진보하여 도시 문명이 등장했고, 과학기술의 점차적인 발전 단계를 거쳐 오늘날에 이르게 되었다는 아주 단순 명료한 역사관을 나는 신봉하고 있었다. 그랬기에 지금으로부터 2,000년 전은 과학기술이 막 발전하기 시작하던 때라는 선입견이 있었다. 그런 시기에 어떻게 이처럼 기막힌 방법을 생각해냈을까?

에라토스테네스는 프톨레마이오스 2세 통치 아래 있던 알렉산드리아의 도서관장이었다. 당시 이 직책은 고대 세계의 학자로서 차지할 수 있는 가장 높은 지위에 해당되어 오늘날의 하버드대학 총장에 견줄 만하다. 그는 수학, 천문학, 철학 등 다방면에서 연구 업적을 남겼으나 오늘날 세계 최초로 지구의 위도와 경도 개념을 도입했고, 이를 바탕으로 지구 크기를 측정한 학자로 널리 알려져 있다.

그는 먼저 지구가 완벽한 구체이고, 태양 광선이 평행하다고 전제했다. 그다음 동일 자오선상의 두 지점에서 같은 날 정오에 관찰한 태양 광선이 지면과 이루는 각이 서로 다를 것이라는 점에 주목했다.

만일 그 각도 차이를 잴 수 있고 두 지역 사이의 거리를 알 수 있다면, 기하학적 방법에 의해서 지구 둘레 길이를 구할 수 있을 것이다.

에라토스테네스는 마침 하짓날 정오, 이집트 시에네에 태양 광선이 수직 상방에서 내리비친다는 사실을 알았다. 그리고 동일 자오선상에 있는 알렉산드리아에서 태양 광선이 수직 상방에 대해 7.2도 각도임

을 확인했다. 이 경우 그림에
서 보듯이 지구 둘레 길이는
알렉산드리아와 시에네 사이
의 거리의 360/7.2=50배임
을 알 수 있다. 에리토스테
네스는 두 지역 간의 거리가
5,000스타디아 stadia 임을 확
인해 지구의 원주 길이 값을
5,000스타디아×50=25만

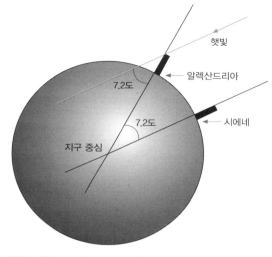

에라토스테네스의 지구 둘레 길이 측정 개념도.

스타디아로 계산한 후 이를 25만 2,000스타디아로 보정했다.[27] 그런
데 그의 계산에 사용된 몇 가지 전제들은 오류를 갖고 있었으며, 보정
또한 어떤 논리적 설명 없이 이루어졌다. 이런 근본적인 오류들과 석
연찮은 보정 결과 2,000년 전에 구했다고 믿기 어려울 정도로 정확한
지구 둘레 길이가 나오게 되었다.

| 태양 광선은 평행하지 않다 |

에라토스테네스가 지구 둘레 길이를 구하는 데 전제한 사항들을 정리
해보면 다음과 같다.

① 지구는 완전한 구체다.

② 태양 광선은 평행하다.

③ 알렉산드리아와 시에네는 동일한 자오선상에 놓여 있다.

④ 시에네에서 하짓날 정오에 태양이 수직 상방에서 내리비친다.

⑤ 알렉산드리아와 시에네의 위도차는 7.2도다.

⑥ 알렉산드리아와 시에네 사이의 거리는 5,040스타디아다.

지구가 둥글다는 사실은 고대 그리스에 널리 알려진 사실이었다. 피타고라스학파에 의해 이런 사실이 처음 제기되었고, 아리스토텔레스는 월식 때 달을 가리는 지구 그림자가 둥글다는 사실과 다른 위도상에서 보이는 별들의 높낮이가 달라진다는 사실로부터 지구가 편평하지 않고 둥글다는 사실을 논증하기도 했다.[28] 그런데 실제로는 지구 자전 때문에 생기는 원심력 때문에 적도 부근이 약간 부풀어 올라 있어 지구가 완벽한 구체는 아니다. 하지만 그 부푼 정도가 에라토스테네스의 계산에 영향을 끼칠 정도로 크지 않기 때문에 지구가 완벽한 구체라는 가정에는 큰 문제가 없다. 그러나 나머지 가정들에는 심각한 문제가 있다.

에라토스테네스의 전제들 중 가장 큰 문제가 있는 것이 태양 광선이 평행하다는 것이다. 별빛은 거의 완벽하게 평행하다. 지구에서 거리가 아주 멀기 때문이다. 하지만 태양은 별들과는 달리 지구에 상당

지구에서 태양까지의 거리 1억 5,000만 킬로미터

태양의 각반지름 15분

태양 지름
140만 킬로미터

태양 각반지름에 대한 개념도.

히 가까이 있어 거기서 오는 빛은 별빛에 비해서 상대적으로 평행하지 않다. 지구상의 관찰자의 눈에 별은 점처럼 보이지만, 태양은 둥근 원반처럼 보이는 이유다. 우리는 태양 원반의 크기(약 140만 킬로미터)와 지구에서 태양까지 거리(약 1억 5,000만 킬로미터)로부터 그림과 같이 태양의 각반지름을 어림할 수 있는데 그 값은 각도로 약 15분 정도나 된다. 따라서 태양으로부터 지구에 도달하는 빛들은 최대 30분 정도의 각도차를 갖게 된다.

그렇다면 이런 사실이 에라토스테네스식의 측정에 어떤 문제를 일으킬까? 태양 광선이 완벽하게 평행하고, 하짓날 정오 태양이 시에네의 수직 상방에서 내리비친다면, 지면에 수직으로 세워놓은 막대의 그림자가 생기지 않는 지역은 오직 그곳뿐일 것이다. 하지만 약간 비스듬하게 입사되는 태양 광선들 때문에 시에네뿐 아니라 시에네를 중심으로 일정 반경의 동심원 안쪽 지점들까지도 막대 그림자가 생기지 않게 된다. 이 동심원의 반경은 대략 28킬로미터 정도 되는데, 이는 지구 중심과 시에네를 잇는 선과, 지구 중심과 동심원상의 지점들을 잇는 선들이 15분 정도의 각도를 이루는 조건에 해당한다.

알렉산드리아에서도 문제가 발생하는데, 완전히 평행한 빛이 들어올 때보다 그림자 길이는 짧아지며, 그 짧아지는 정도는 각도로 15분에 해당한다. 이처럼 에라토스테네스 방식의 측정에서 평행하지 않은 태양 광선 문제 때문에 최대 30분의 측정 오차가 생길 수 있다. 에라토스테네스가 제시한 0.2도(12분) 단위까지의 측정값이 비현실적인 중대한 이유다.

| 알렉산드리아와 시에네의 위치에 대한 의문 |

시에네와 알렉산드리아가 동일 자오선상에 놓여 있다는 전제 또한 크게 잘못되었다. 두 도시 사이에는 경도 차이가 자그마치 3도 가량이나 난다. 알렉산드리아와 시에네의 위도 차이가 7도 남짓임을 감안하면 이 정도 차이는 결코 무시할 수 없을 만큼 큰 차이다. 이런 차이는 무엇보다도 에라토스테네스가 비록 자오선 개념을 이론적으로는 알고 있었지만, 제대로 실측하는 능력이 없었음을 의미한다. 사실 경도 측정은 17세기 서구에서도 난제여서 3도 정도의 오차를 냈다.[29] 결국 18세기에 접어들어 항해용 크로노미터가 개발되면서 0.5도 이내로 경도 측정 오차를 줄일 수 있었다.[30] 여러 정황으로 보아 에라토스테

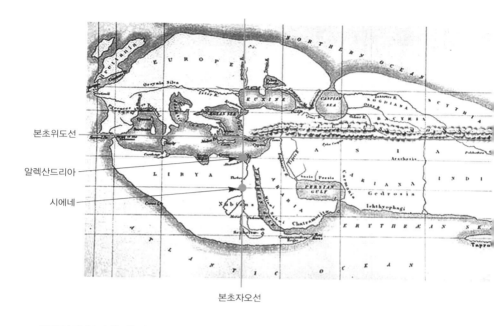

본초위도선

알렉산드리아

시에네

본초자오선

에라토스테네스가 참고한 세계지도. 알렉산드리아와 시에네가 동일 자오선(본초자오선)에 놓여 있다.

네스 시대의 경위도 측정 수준이 서구 중세 시대보다 크게 나았다는 증거는 없다. 따라서 만일 그가 직접 경도 측정을 시도했다면, 에라토 스테네스의 실험은 처음부터 근본적으로 엄청난 오차를 안고 있었다 고 볼 수 있다. 그런데 아마도 에라토스테네스는 실제로 경도를 측정 한 것이 아니라 그의 도서관에 소장된 위와 같은 지도를 참고한 것 같 다.[31] 이 지도는 알렉산드리아와 시에네를 잇는 선을 본초자오선本初子 午線으로 하고 있다.[32]

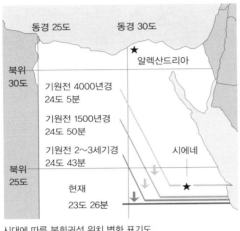

북위 30도

동경 25도   동경 30도
★ 알렉산드리아

기원전 4000년경
24도 5분

기원전 1500년경
24도 50분

기원전 2~3세기경
24도 43분

시에네

북위 25도

현재
23도 26분

시대에 따른 북회귀선 위치 변화 표기도.

지구 북반구에서 하짓날 정오에 태양이 수직 상방을 비추는 지역들을 연결한 선을 북회귀선이라고 한다. 북회귀선이 지나는 지역은 모두 동일 위도상에 위치한다. 그렇다면 북회귀선이 지나는 곳의 위도는 얼마일까? 지축이 23도 26분 정도 기울어져 있으므로 북위 23도 26분에 위치하는 지역에서 하짓날 태양이 머리 위에 있다. 그리고 이런 지역을 잇는 선이 바로 북회귀선이다. 그렇다면 시에네의 위도가 북위 23도 26분인가? 아니다.

지축의 기울기는 항상 일정하게 유지되는 것이 아니다. 마치 팽이가 돌면서 회전축이 천천히 기우뚱거리는 것처럼 지구 기울기도 조금씩 바뀐다. 가장 조금 기울 때가 22도 1분이고 가장 많이 기울어질 때가 24도 15분인데 이런 기울기의 변화는 약 4만 1,000년의 주기를 갖는다. 이 때문에 당연히 북회귀선도 조금씩 바뀐다. 에라토스테네스가 활동하던 기원전 2~3세기경에 북회귀선은 북위 23도 43분을 지나고 있었다.[33] 그런데 시에네의 위도는 24도 5분이다. 즉, 에라토스테네스 시대에는 시에네가 북회귀선상에 있지 않았다!

| 에라토스테네스가 위도차를 조작했을까? |

비록 경도가 서로 다르지만, 하짓날 정오 태양이 남중南中할 때 시에네와 알렉산드리아에서 그림자 길이를 측정하는 것 자체는 그리 어렵지 않다. 그림자 길이가 제일 짧을 때가 바로 태양이 남중한 때, 즉 정오이기 때문이다. 따라서 누군가 정말로 당시에 하짓날 정오에 해시계 그림자 길이를 쟀다면, 시에네에서 측정한 후 10여 분 후에 알렉산드리아에서 측정이 이루어졌을 것이다. 실제의 알렉산드리아와 시에네와의 정확한 위도차는 7도 5분[34]으로, 에라토스테네스가 측정했다고 하는 7도 12분과 놀라울 만큼 가깝다. 에라토스테네스 시대에 앞에서 언급한 바 있는 태양 광선의 30분 각도차 문제가 있었을 뿐 아니라 1도 미만의 각도 차이 측정 자체가 아예 불가능했기 때문에[35] 이 측정치는 작위적으로 만들어졌는데 아주 우연하게 실제 값에 근사하게 맞아떨어진 것이라고밖에는 볼 수 없다.

한편 에라토스테네스는 알렉산드리아와 시에네 사이의 거리가 낙타로 여행해서 50일이 걸리며 하루 평균 낙타가 100스타디아를 간다는 식의 주먹구구식 계산에 의해 5,000스타디아라고 했다고 한다. 그런데 이 거리를 에라토스테네스가 직접 측정했을 리가 없다는 것이 관련 학자들의 의견이다. 이집트 땅에서 나일강의 범람으로 인한 혼란 때문에 해마다 토지 측량을 했다는 사실에 주목해야 한다는 것이다. 이런 측량은 에라토스테네스 훨씬 이전부터 이루어져왔고, 이를 위해 장거리를 동일 보폭으로 걸어서 측량을 하는 '지리 측정 전문가들bematists'이 동원되었을 것이라는 것이 관련 학계의 견해다.[36] 에라토스테네스가 살던 시절 전후로 알렉산드리아와 다른 여러 도시들 간의 거리에 대한 정보가 이미 공개되어 있었으므로, 그가 제시한 알렉산드리아와 시에네 사이의 거리도 그중 하나였을 수 있다. 비록 어림셈이기는 하지만 이런 식으로 결정된 알렉산드리아와 시에네 사이의 거리를 에라토스테네스가 활용했다는 주장은 충분히 납득할 만하다. 그런데 문제는 다음 과정이다.

 에라토스테네스는 어림한 알렉산드리아와 시에네 사이의 거리 5,000스타디아에 50배를 해서 지구 원주가 25만 스타디아라고 계산해놓고는 이를 그대로 쓰지 않고, 25만 2,000스타디아를 사용했다. 일

반적으로 어림 계산을 해서 25만 2,000이 나왔을 때 계산상의 유효
숫자를 고려한 반올림 값인 25만을 사용하는 것이 상식이다. 따라서
이 또한 상당히 작위적인 냄새가 난다. 도대체 에라토스테네스가 어
떤 이유로 어림 계산한 값에 2,000스타디아를 덧붙인 것일까?

어떤 학자들은 에라토스테네스가 측정치를 보정한 것이라는 주장
을 한다. 알렉산드리아와 시에네 사이의 거리 5,000스타디아가 아니
라 5,040스타디아임을 추후 측량을 통해 알게 되었다는 것이다. 하지
만 이런 주장은 무리다. 왜냐하면 당시의 측정 자체가 포함하는 오차
가 이보다 훨씬 컸기 때문이다. 케임브리지대학 킹스칼리지의 로이드
교수G. E. R. Lloyd는 이 값이 새로운 관측 결과에 의한 보정치였을 가능
성 이외에 나눗셈에 더욱 편리해서 채용했을 가능성을 제기한다.[37]

| 그리스보다 더 정확한 고대 이집트의 측정 단위 |

스타디아는 스타디움의 복수형으로 1스타디움은 고대의 국가들에 따
라서 그 값이 조금씩 다른데, 프톨레마이오스왕조시대의 에라토스
테네스가 사용했을 것으로 추정되는 스타디움은 대략 176미터에서
209미터 사이이고, 이 중 가장 가능성이 높은 것은 185.3미터다. 이
값들을 사용해서 계산해보면, 실제 자오선 방향으로의 지구 둘레 길

이 4만 9킬로미터보다 10퍼센트에서 30퍼센트 정도 큰 값이 나온다.[38]

그런데 만일 고대 이집트의 1스타디움인 157.5미터를 대입하고 계산해보면, 실제 지구 둘레에 비해 겨우 0.27퍼센트 정도 작은 값이 나온다![39] 어째서 고대 이집트의 단위를 사용했을 때가 고대 그리스의 단위를 사용했을 때보다 훨씬 더 실제 값에 가까운 것일까?

| 라플라스, 에라토스테네스를 의심하다 |

라플라스 변환의 창안으로 미분방정식에서 전인미답의 경지를 개척했다는 평가를 받는 19세기 초의 프랑스 수리 물리학자 피에르-시몽 라플라스Pierre-Simon Laplace는 천문학자이기도 했다. 천문학자로서 그는 뉴턴의 만유인력 법칙을 태양계 전체로 확대 적용하는 데 기여했으며, 성운설을 발전시켜 우주 창조 이론의 기초를 세우기도 했다. 고고천문학에 대해서도 관심이 있었던 라플라스는 에라토스테네스의 지구 크기 측정에 대한 연구도 했는데, 그가 얻은 결과가 고대 그리스 단위가 아니라 고대 이집트 단위로 환산했을 때 극도로 정확하다는 사실 때문에 정말로 에라토스테네스가 직접 측정을 했는지에 대한 의구심을 품은 듯하다. 대략적인 어림 계산을 했음에도 불구하고 고대 이집트 스타디움 단위를 적용할 경우 놀라울 만큼 정확한 지구 둘레

항목	특성	에라토스테네스의 가정	실제 상황	비 고
지구 모양	구체 여부	완전한 구체	적도 부분이 부풀려진 구체	지구 크기 측정에 유의할 정도의 오차를 일으키지 않음
태양 광선	평행 여부	완전 평행	30분의 각지름만큼 비스듬히 입사	지구 크기 측정에 유의할 정도로 오차를 일으킴
알렉산드리아와 시에네의 위치 관계	경도차	0도	3도	위도차가 약 7도인 것에 비해 유의할 정도로 큰 오차임
	위도차	7도 12분	7도 5분	평행하지 않은 태양 광선 문제로 이런 정도의 정밀도로 실측 불가
	거리	5,000스타디아 →5,040스타디아	842.65킬로미터	알렉산드리아와 동일 자오선상에 있고 경도차 0도 위도차가 7.2도인 지점과의 거리를 5,040스타디아로 해서 고대 이집트 단위로 계산할 때 보정에 의한 값은 793.8킬로미터다. 이 값에 50을 곱하여 실제와 비교해 0.27퍼센트 오차가 나는 지구 둘레 길이를 구할 수 있음
북회귀선	지나는 위치	시에네를 지남	시에네에서 21분 벗어난 곳을 지남	에라토스테네스 시대에 시에네에서 수직 막대의 그림자가 사라지는 현상을 관찰할 수 없었음

값이 구해진다는 사실은, 그로 하여금 에라토스테네스가 이미 고대 이집트에 알려져 있던 수치를 꿰어 맞춘 것이라는 확신을 갖게 했다. 그래서 그는 에라토스테네스의 방법이 매우 작위적이며, 그보다 훨씬 이전에 누군가가 고도로 정밀하게 측정한 지구 둘레 길이를 마치 자신이 구한 것인 양 조작한 것이 틀림없다고 결론지었다.[40] 만일 정말 그렇다면 도대체 언제 누가 지구 둘레 길이를 정확하게 측정했단 말인가?

| 과연 누가 지구의 둘레를 측정했는가? |

에라토스테네스보다 2세기 정도 후에 살았던 고대 그리스 학자 스트라보Strabo는 하짓날 정오에 시에네의 깊은 우물에 태양빛이 비추인다고 주장했다.[41] 이는 에라토스테네스가 같은 날 수직으로 세운 막대의 그림자가 사라진다는 주장과 일맥상통한다. 그런데 그가 살던 시절에 북회귀선은 북위 23도 45분쯤을 지나고 있었고, 하짓날 정오에 깊은 우물 바닥을 태양 광선이 비추는 지역은 북위 23도 30분에서 24도 사이에 한정되었다. 따라서 당시에 북위 24도 5분에 위치한 시에네 우물 바닥을 태양 광선이 비출 수 없었다! 에라토스테네스나 스트라보 모두 직접 실측해보지 않고서 전해오는 이야기를 옮긴 것에 불과했다. 그들은 지축 기울기가 서서히 변해서 북회귀선이 움직일 것이라고는 꿈에도 생각지 못했을 것이다.

결국 에라토스테네스가 되었건 스트라보가 되었건 그들의 주장은 누군가가 그들보다 훨씬 전에 측정했던 결과였다고 봐야 한다. 도대체 누가 그런 측정을 했을까?

시에네의 하짓날 정오에 수직 막대의 그림자가 드리워지지 않던 끝 무렵인 북회귀선이 북위 23도 50분에 있었을 시기[42]는 기원전 1500년경으로 고대 이집트는 신왕조시대에 접어들고 있었으며, 그 어떤 그리스인도 당시 이집트 땅에 발을 들여놓았다는 기록이 없다. 결국 최소한 에라토스테네스의 지식은 이 시기의 이집트인들의 측정 결과에 의존했다고 봐야 한다. 하지만 실제로 이집트 땅에서 이보다 훨씬 이전에 이런 현상을 관측하고 있었다는 증거가 있다.

기원전 50년경에 클레오메데스Kleomedes는 에라토스테네스의 지구 둘레 측정 방법을 자세히 소개하는 기록을 남겼다. 그는 그 글에서 하짓날 정오에 태양이 게자리에 진입하면 태양이 머리 위에 위치하며 해시계의 지시침 그림자가 사라지는데, 이런 현상이 시에네를 중심으로 반경 150스타디아 이내에 위치한 지역에서 일어났다고 적시했다.[43]

이 기록은 에라토스테네스가 사용한 자료가 북회귀선이 북위 23도 50분을 지나고 있던 때 만들어진 것이 아니라 시에네가 위치한 북위

24도 5분을 지나고 있을 때 만들어진 것임을 분명히 하고 있다. '시에네를 중심으로' 그림자가 사라졌다고 되어 있으므로, 이 표현은 정말로 시에네에서 하짓날 태양이 수직 상방에 있었음을 명백히 밝혀주는 것이기 때문이다.

여기서 시에네를 중심으로 그림자가 사라지는 지역에 대한 측정치인 반경 150스타디아에 주목할 필요가 있다. 에라토스테네스나 클레오메데스는 도대체 이런 기록이 무엇을 의미하는지 몰랐겠지만, 우리는 이미 이런 현상이 평행이 아닌 태양 광선 때문에 발생함을 알고 있다. 그런데 이 측정 기록은 얼마나 정확한 것일까? 고대 이집트의 1스타디움인 157.5미터를 사용해서 계산해보면, 150스타디아는 약 24킬로미터가 된다. 앞에서 태양 광선이 평행하지 않기 때문에 하짓날 정오 때 북회귀선이 지나는 곳을 중심으로 28킬로미터 반경 안의 지역에서 수직 막대의 그림자가 사라지는 현상이 존재함을 지적한 바 있다. 측정 오차를 고려하면, 클레오메데스 기록에 제시된 수치는 실제값과 비교할 때 상당히 정확한 값에 해당한다. 오늘날에도 길이가 매우 긴 수직 막대를 공중에 매달아서 지면에 살짝 닿도록 하여 실험을 했을 때 이 정도의 오차 이내로 측정하는 것이 쉽지 않다.

그런데 클레오메데스, 아니 에라토스테네스는 이런 고급 정보를 어떻게 알고 있었던 것일까? 태양 광선이 완전히 평행하다고 믿어졌던 에라토스테네스 시절에 이론적인 계산을 했을 수는 없다. 누군가 실제로 시에네에서 직접 측정해보았다고 봐야 한다. 그런데 시에네가 북회귀선상에 놓여 있었을 때는 고대 그리스인들이 이집트 땅을 밟기 훨씬 이전이다.

| 고대의 기록을 조작한 에라토스테네스 |

오늘날 본초자오선이 지나는 곳은 영국 런던 근교의 그리니치천문대다. 여기를 기점으로 세계의 표준시가 결정된다. 그런데 그리니치가 천문 관측 기점이 될 어떤 측지학적 정당성도 존재하지 않는다. 그곳은 지구상의 매우 평범한 한 지점일 뿐이다. 단지 19세기 세계를 주름잡던 대영제국의 수도 런던에서 가장 가까운 천문대라는 이유로 이런 영광스런 역할을 맡게 되었다. 하지만 오랜 옛날 이집트 땅에 살던 이들은 북회귀선상에 있다는 매우 중요한 지구과학적 지식을 바탕으로 시에네를 본초자오선이 지나는 천문 관측 기점으로 정했던 것이 틀림없다.

이제 우리는 왜 에라토스테네스나 스트라보가 북회귀선이 시에네를 지난다고 거듭 주장했는지를 명확히 이해할 수 있게 되었다. 고대 그리스 학자들은 시에네가 북회귀선에 존재한다는 고대 이집트 기록을 아무런 검증도 없이 그대로 철저히 믿었던 것이다. 알렉산드리아의 도서관장이었던 에라토스테네스가 고대 이집트의 고급 정보를 접할 수 있었을 것이며, 시에네 위로 북회귀선이 지나고 있어 그곳이 매우 중요한 천문 관측 지점일 때 결정된 지구 크기에 대한 지식을 알게 되었을 것이다. 그리고 그 기록에서 시에네로부터 자오선을 따라 북쪽으로 5,040스타디아 거리에 위치한 오래된 도시가 알렉산드리아와 위치적으로 가깝다는 사실을 확인하고, 이 도시를 알렉산드리아로 바꿔치기 한 것이다. 그러나 그는 지구 자전축의 기울기가 긴 주기를 갖고 서서히 변한다는 사실을 전혀 몰랐다. 그래서 오래 전 이집트 땅에서 측정한 수치를 마치 자신이 직접 측정한 것처럼 꾸며서 기술했던 것이다. 그런데 지축 기울기가 바뀌는 바람에 그 조작은 들통이 나고 말았다.

| 지구 둘레 값에서 나온 스타디움의 유래 |

에라토스테네스가 계산한 스타디움이 고대 그리스 수치가 아닌 고대 이집트의 수치를 대입할 때 실제 값에 놀라울 만큼 근접할 수밖에 없었던 이유를 이제 명쾌하게 설명할 수 있다. 원래부터 그 계산법은 고대 이집트 땅에서 창안되었던 것이다. 자, 이제는 마법의 숫자 25만 2,000의 비밀을 풀어보자. 에라토스테네스는 25만 스타디아라는 값

을 어림 계산으로 구한 후 어떤 이유도 대지 않고 슬쩍 25만 2,000스타디아가 지구 둘레 값이라고 단정했다. 그 이유는 고대 이집트에서 25만 2,000스타디아가 지구 둘레 값이 되도록 스타디아의 단위를 정했기 때문이었음이 틀림없다. 오늘날에도 측정 단위를 지구 둘레의 값에서 구한다. 사실 원래 1미터는 지구 북극에서 자오선을 따라 내려와 지구 적도와 만나는 원호 길이의 1,000만 분의 1인 값으로 정해졌다. 그렇다면 고대 이집트의 스타디움 단위는 지구 크기와 어떤 관계가 있는 것일까? 영국 리즈대학 고전학과의 딜크O. A. W. Dilke는 25만 2,000이 60으로 나누어떨어지기 때문에 25만 대신 사용했다고 말하고 있다.[44] 나는 그보다는 25만 2,000이 360으로 나누어떨어진다는 사실이 중요하다고 생각한다. 만일 25만 2,000 스타디아가 지구 둘레라면, 1도에 해당하는 거리는 정확히 700스타디아가 된다. 7은 고대 이집트를 비롯한 고대문명권에서 매우 선호되던 숫자 중 하나였다. 그렇다면 에라토스테네스 자신이 어림 계산한 25만 대신 25만 2,000을 사용한 이유가 드러난다. 누군가 이미 에라토스테네스 이전에 1도에 해당하는 지구상의 거리가 700스타디아가 되도록 단위를 정했던 것이다. 이 대목은 매우 중요하다. 고대 이집트인들이 아주 오래 전부터 원의 각도를 360도로 정해서 사용하고 있었다는 말이기 때문이다.[45]

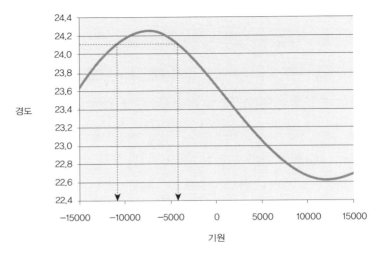

시대에 따른 북회귀선 위치 변화를 나타낸 그래프.

| 기원전 11000년에 지구 둘레를 측정한 초고대문명 |

그런데 도대체 시에네가 북회귀선에 위치했던 때가 언제였을까? 지축 기울기 변화는 천문학자들과 지구과학자들의 관측과 이론적 계산에 의해 구할 수 있다. 위의 도표는 기원전 15000년부터 기원후 15000년까지의 지축 기울기 변화를 나타낸 그래프다. 이 그래프로부터 시에네가 북회귀선에 있었을 시기(지축 기울기 24도 5분)는 기원전 11000년과 기원전 4000년경임을 알 수 있다.

〈강리도〉에 묘사된 아프리카 대륙의 원시 호수를 보기 전까지 나는 기원전 4000년경에 고대 이집트인들이 시에네가 북회귀선상에 있음을 발견했을 것이라고 단정적으로 생각하고 있었다. 하지만 이제는 오히려 기원전 11000년경에 이런 발견이 이루어졌을 가능성에 무게를 두게 되었다.[46]

교과서에서는 인류 문명이 약 5,500여 년 전에 메소포타미아에서 최초로 시작되었고, 몇 백 년 후에 이집트 땅에서도 문명이 일어났다고 되어 있다. 하지만 이보다 훨씬 이전에 이집트에 고도의 문명이 존재해 지구의 모양, 크기, 지구 자전축의 기울기를 매우 정밀하게 파악하고 있었다. 그 과학기술적 성취는 아무리 낮추어 잡아도 18세기 초의 서구와 비교할 수 있는 수준이었다.

도대체 이런 높은 수준의 문명이 존재했다면 그 정체는 무엇일까? 이 문명의 실체를 파악하기 위해서는 고대 이집트문명의 기원에 관한 근본적인 문제를 파헤쳐야 할 것이다.

3.

문화영웅신
오시리스와
제3의 문명

주류 학계에서는 초기의 문명들로 고대 메소포타미아문명과 고대 이집트문명을 꼽는다. 기원전 3500년경 세계 최초의 문명인 고대 메소포타미아문명이 티그리스강과 유프라테스강에 의해 형성된 비옥한 퇴적평야에서 탄생했고, 이 문명의 강한 영향력 아래 그보다 조금 늦은 기원전 3100년경 역시 퇴적평야인 나일강 유역을 끼고 고대 이집트문명이 태동했다는 것이 정설이다. 하지만 지금까지 검토해본 바에 의하면 이런 문명 이론은 크게 잘못되었고 다시 고쳐 써야 마땅하다.

고대 메소포타미아나 이집트문명의 기록들은 한결같이 오래 전 신들이 다스리던 황금시대가 있었고, 자신들의 시대는 그때와 비교해 초라한 수준임을 고백하고 있다. 그런데 지금까지 관련 학자들은 이런 기록들을 단지 종교적 수사라고 치부해왔다. 최근 그레이엄 핸콕과 같은 대체역사학자들이 나서서 이런 내용들을 역사로 편입시켜야 한다고 주장하고 있지만 주류 학계에서는 학술적으로 고려할 가치가 전혀 없다는 반응이다.

나는 에라토스테네스의 대사기극의 전모를 파헤치는 과정에서 고대문명권에서 주장하는 인류에게 문명을 가져다준 신들의 존재가 허구가 아니라는 확신을 갖게 되었다. 그리고 고대 이집트와 메소포타미아의 신화들 속 등장인물들을 비교 분석하는 와중에 양쪽에서 '오시리스Osiris'라는 문화영웅에 대한 기록들을 발견했으며, 이 존재가 4대 문명의 모체문명과 관련 있다는 결론에 도달했다.

| 심연의 물에서 솟은 태고의 언덕 |

"고대 사회에서 신화가 모든 것의 근원이다. 즉, 신화가 바로 진정한 역사다." 미국 시카고대학 종교학과 교수를 역임한 종교학자 미르치아 엘리아데Mircea Eliade(1907∼1986)의 책《영원회귀의 신화The Myth of the Eternal Return》의 결론을 요약하면 이렇다.[47]

실제로 고대 이집트에서 이 명제는 지극히 참이어서 국가와 종교가 왕권 신화를 통해 불가분적으로 뒤엉켜 있었으며, 상호 간에 그 역할을 보조하고 인정하는 관계를 맺었다.[48] 왕권 신화는 고대 이집트 왕, 파라오의 권한을 둘러싸고 전개되는 신화를 말하며, 따라서 이 역사화된 신화 또는 신화화된 역사의 한가운데에는 파라오가 있었다. 고대 이집트인들의 신화 속 주인공들에 대한 집착은 광적이었으며, 세상만사의 모든 것들이 신화 속 신들에 의해 정해지고 이를 준수하는 것이 자신들의 의무라고 생각했다. 특히 파라오는 이집트 신화의 주인공인 호루스Horus라는 신과 동일시됨으로써 신화 속 사건을 현세에서 계속 반복적으로 재생하는 역할을 맡았는데, 전개되는 신화 속 사건들의 등장인물들 중에서 호루스를 제외한 중요 인물은 호루스의 아버지인 오시리스였다.[49]

고대 이집트인들의 삶에서 역사화된 신화가 얼마나 중요했는지는 이른바 신성 건축물들에 구현된 상징성만 살펴보아도 금방 알 수 있다. 파라오와 관련된 모든 건축물들은 호루스와 오시리스의 결합 순간과 관련되어 있었고, 그 배경이 되는 최초 창조의 땅인 태고의 언덕을 현세에 구현할 목적으로 지어졌다. 그런데 이런 상징성은 고대 메소포타미아에서도 정확히 동일한 방식으로 구현되었다. 이는 고대 이집트와 메소포타미아문명의 근원이 동일하며 그 바탕에 모든 생활의 규범이 되는 단일 종교 이데올로기가 존재함을 암시한다.

고대 이집트 파라오의 이름은 호루스를 나타내는 대표적인 동물인 새매와 함께 새겨졌다. 이런 경우 새매는 호루스의 신전을 상징하는 건축물 위에 앉아 있는 것으로 표현되는데, 옆면에 벽감壁龕 장식이 되어 있다. 벽감은 건축물의 벽, 기둥 등의 수직면에 만들어진 주기적인 요철⨅⨆ 구조를 말한다. 여기서 벽감 장식은 단지 건축물을 아름답게 꾸미기 위한 것이 아니었다. 여기에는 아주 중요한 종교적 상징이 담겨 있었다. 이는 신전이 출렁이는 물위에 솟아 있음을 양식화해서 표현한 것으로, 태고에 심연의 물 위에 솟아오른 성지를 나타낸다.[50] 그런데 수메르 신화를 묘사한 고대 메소포타미아의 표지석(標識石, kudurru)에도 신을 나타내는 동물 형상이 벽감 장식이 된 건축물 위에 올라가 있어 고대 이집트의 양식과 정확히 일치하는 구도를 보여준다.[51]

현재 발굴된 고대 이집트 파라오의 왕궁이 하나도 없기 때문에 파라오들이 호루스 신전 양식과 비슷한 형태의 궁전을 짓고 살았는지는 확인할 길이 없으나, 파라오들이 죽은 후 묻힌 사후의 왕궁인 마스타바mastaba에 벽감 양식이 사용되었음은 확인이 가능하다.[52] 그런데 이와 유사한 건축물이 고대 메소포타미아에서는 신전에 구현되었다.[53] 고대 이집트의 파라오는 고대 메소포타미아에서 숭배한 신들과 동격이었던 것이다.

이런 유사성은 단지 여기에만 국한되는 것이 아니다. 계단형 피라미드가 벽감이 있는 외벽에 둘러싸인 형태의 신전 복합 건물이 고대 이집트와 메소포타미아에서 모두 발견된다. 62페이지의 그림들은 고대 이집트 제3왕조의 파라오 조세르Zoser가 사카라에 건축한 것으로

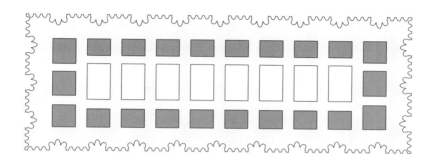

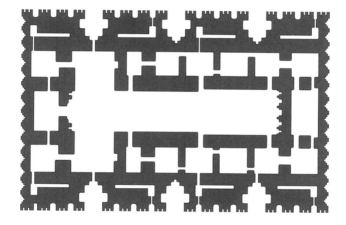

외벽이 벽감 장식되어 있는 고대 이집트 마스타바(위)와 고대 메소포타미아 신전(아래) 평면도들.

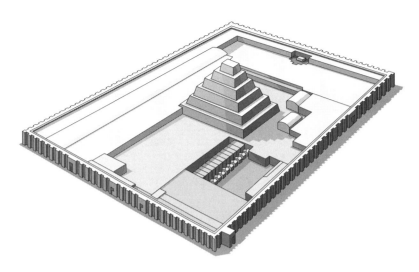

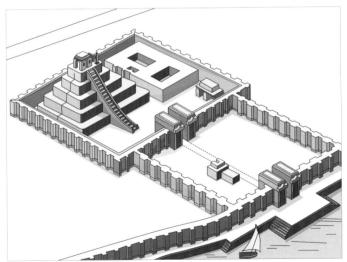

고대 이집트와 고대 메소포타미아의 계단 피라미드와 이를 둘러싼 벽감 장식의 외벽 그림 비교. 조세르 사카라 피라미드 콤플렉스(위)와 구데아 시절에 니푸르에 건축된 닌-기르수 사원 콤플렉스(아래).

알려진 조세르 피라미드 복합 신전[54]과 고대 메소포타미아의 도시국가 라가쉬를 다스리던 구데아Gudea가 니푸르에 건축한 닌-기르수Nin-girsu 복합 신전[55]을 나타낸 것이

태고의 언덕을 나타내는 쌍계단 상형문자.

다. 이 두 건축양식을 비교해보면, 양쪽 모두 벽감 형식의 외벽으로 지어진 울타리 안에 계단 피라미드가 건설되어 있어 그 유사성이 그냥 우연이 아님을 깨닫게 된다. 여기서도 마찬가지로 계단 피라미드가 심연의 물속에서 솟아올랐음을 벽감 장식이 되어 있는 울타리를 사용해서 표현했다고 볼 수 있다.[56]

고대 이집트와 메소포타미아인들은 그들 문명의 처음부터 끝까지 강박적으로 신성 건축물들을 짓는 데 많은 노력을 기울였는데, 이런 건축물들은 예외 없이 심연의 물에서 솟아오른 '태고의 신성한 언덕, 산, 또는 섬primeval mound, mountain, or island'이었다. 그리고 이를 표현하는 데 있어 가장 보편적으로 양식화하여 사용된 표현이 물결을 나타내는 벽감과 언덕 또는 산을 나타내는 계단 피라미드였으며, 계단 피라미드는 고대 이집트에서 상형문자로 표현할 때 그 단면인 쌍계단double stair으로 표시했다.[57]

외벽 또는 바깥 담장에 벽감 장식을 하는 것이 태고의 신성한 산을 상징하는 신전이나 피라미드가 심연에서 솟아올랐음을 나타내는 가장 전형적인 양식화된 표현 방식이었지만, 이 외에도 다른 형태의 표현 방식이 존재했다. 고대 이집트 히에라콘폴리스Hierakonpolis는 선先왕조 시대의 많은 유물이 발굴된 곳이다. 그런데 이곳에서 아주 특이한 장소가 발견되었다. 모래로 다져 만든 동그란 둔덕 주변을 석재 호안공 (護岸工, revetment)이 빙 둘러싸고 있었던 것이다. 고대 이집트 신화 속 주 무대인 심연에서 솟아오른 태고의 언덕의 또 다른 표현이다.[58]

그런데 이와 아주 비슷한 형태로 꾸며진 장소가 남부 메소포타미아 에리두에서 발견되었다. 그곳에 건설되어 있는 지구라트Ziggurat 기초석 아래로 19개 층의 신전 건축이 발견되었는데 맨 밑바닥에 갈대로 둘러싼 동그란 모래 둔덕이 있었던 것이다.[59] 에리두에서 발견된 신전들 모두 수메르 신화 속에 등장하는 신 엔키를 숭배하기 위한 목적으로 건설되었다. 수메르인들은 에리두를 창조의 땅, 즉 태초에 원시의 바다에서 솟아오른 최초의 육지로 간주했으며,[60] 신화 속에서 엔키 신은 창조의 중심으로서 에리두를 심연에 솟은 높은 산처럼 보이도록 건설했다고 되어 있다.[61]

고대 이집트의 사례에서와 같이 이곳에서 발견된 자그마한 모래 언덕은 심연에서 솟은 산을 상징하는 것이 틀림없다. 그런데 고대 이집트의 모래 언덕은 호안공에 둘러싸여 있어 그곳이 물가에 있음을 나타내려 했음을 쉽게 알 수 있는 반면, 고대 메소포타미아의 경우 갈대 울타리가 나타내려고 하는 바가 무엇인지 언뜻 납득하기 어렵다. 이런 의문에 대한 답은 수메르 신화 속 지명을 살펴봄으로서 찾을 수 있다. 에리두의 수메르식 지명은 눈-키Nun-Ki로 '갈대Nun 땅Ki'이라는 의미다.[62] 따라서 모래 둔덕을 둘러싼 갈대 울타리는 섬과 물 사이의 갈대 늪지를 상징하는 것으로 보인다. 그런데 고대 이집트의 태고의 언덕 또한 '갈대의 평원Seket-Aaru'에 존재하는 것으로 되어 있다.[63] 이런 유사성이 단지 우연일까?[64]

| 비밀의 문을 여는 열쇠, 오시리스 |

고대 이집트 왕권 신화에서 원시의 바다 눈Nun에서 솟아오른 태고의 언덕에서 이루어지는 제례 의식과 가장 관련이 깊은 신은 오시리스다. 그래서 종종 태고의 언덕은 '오시리스의 언덕'이라고도 불리는데,[65] '갈대의 평원'인 오리시스의 영역에서 이루어지는 제례 의식은 오리시스의 아들 호루스의 적통과 관련되며, 이는 왕조시대의 고대 이집트 파라오들이 호루스로 동일화하여 주도적으로 치르던 종교의식이었다.

기원전 1세기경에 살았던 고대 그리스 학자 디오도루스_{Diodorus}
_{Siculus}는 오시리스가 인류에게 경작법을 최초로 전해준 문화영웅이었
다고 적고 있다.[66] 영웅전으로 널리 알려진 그리스 역사학자 플루타르
코스_{Ploutarchos}(45년경~120년경)는 고대 이집트의 오시리스에 대한 신
화 기록을 남겼는데, 그가 신화시대의 왕으로서 인류에게 문명을 가
져다준 문화영웅이었다고 묘사하고 있다. 오시리스는 인류에게 경작
법을 가르쳤고 법을 제정했으며 전 세계를 경도_{境跳}하며 그가 제시한
여러 제도를 받아들이도록 힘썼는데, 무력이 아니라 설득으로 사람들
을 감화시켰고 그런 수단으로 노래와 음악을 사용했다고 한다.[67]

일찍이 영국의 대표적인 이집트학 학자 윌리스 버지_{E. A. Wallis}
_{Budge}(1857~1934)는 고대 이집트의 신 오시리스의 뚜렷한 자취를 고
대 메소포타미아 최초 문명인 수메르문명에서 포착했다.[68] 수메르 신
화 속 기술자 신들인 압칼루_{apkalu}들 중에 '아사리_{Asari}'가 있는데 이 신
이 오시리스와 동일하다는 것이다.[69]

기술자 신인 '아사리'는 운하나 배수로를 건설하는 관개시설을 운
용함으로서 식물의 재배와 경작을 시도한 '푸른 잎이 돋도록 하는 곡
물과 식물의 창조자_{Creator of the corn and of the plants, who make verdure appear}'였
다.[70] 고대 그리스 학자들의 오시리스에 대한 기록과 정확히 일치한
다. 인류에게 농사짓는 법을 가르쳐준 최초의 농부인 문화영웅이었다

는 점에서[71] 아사리는 오시리스와 동일한 신이라고밖에 볼 수 없다.

| 엔키의 맏아들, 문화영웅 아사리 |

월리스 버지는 수메르 신격 '아사리'가 오시리스와 동일함을 그 이름
을 구성하는 글자들을 비교함으로서 증명했다. 고대 메소포타미아의
쐐기문자로 표현된 아사리는 '아스'와 '아리'의 합자인데 각각의 글자
는 '처소, 자리 또는 머무는 곳'과 '눈眼'을 가리킨다. 즉, '눈이 머무는
처소'라는 뜻이다.[72] 오시리스는 그리스식 발음이고 고대 이집트 식으
로는 '아사리Asari' 또는 '우사리Usari'라고 읽힌다.[73] 상형문자 '아사리'
는 '아스'와 '아리'로 구성되며 각각 '자리, 처소, 또는 보좌'와 '눈'을
가리킨다. 따라서 이 또한 '눈이 머무는 자리'인 것이다.[74]

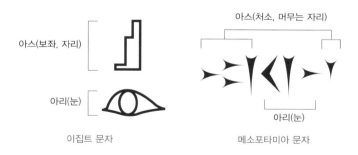

고대 이집트와 메소포타미아에서 오시리스를 나타내는 문자가 사실상 동일한 의미를 나타낸다.

대략 기원전 3500년부터 기원전 2300년까지 메소포타미아 남부 지역에 번성했던 도시 문명을 보통 고대 메소포타미아문명 또는 수메르문명이라 부른다. 이 문명은 신전 도시들로 구성되었으며 각각의 신전에서는 수메르 신화에 등장하는 서로 다른 주요 신들은 숭배했다.

수메르 신화에서 3대 최고신은 안, 엔릴, 엔키다. 안은 하늘의 신으로 명목상 신들의 왕, 통치자였다. 엔릴은 공기의 신으로 실질적인 통치자로 군림했다. 엔키는 세 번째 서열인 땅을 다스리는 신으로 물과 지혜로 상징된다.[75]

엔키는 기술자 신들인 50인의 아눈나키를 이끌고 이 세상에서 농장을 만들고 광물을 캐고 건설을 하는 활동을 총괄했다. 또 물과 관련해서 엔키 신은 '수로水路의 신'이라 불렸고, 또 '지하 샘물을 뚫는 자'로 불렸다.[76] 엔키는 그의 주거지의 지명이 시사하는 것처럼 종종 갈대와 연관이 있는 것으로 묘사되었는데, 수메르문명 시절인 기원전 3000년경에 '엔키의 갈대'라는 표현이 자주 등장한다. 엔키는 또한 산山과 하계(下界, underworld)를 동시에 가리키는 것으로 알려진 쿠르Kur와도 깊은 관련이 있었다.[77]

엔키의 후계자인 아들로 거명되는 인물로 두무지Dumuzi와 아사리가 있다. 조철수 교수는 이 두 신이 서로 다른 신인 것으로 구별했으나[78] 내 판단에 이 둘은 동일한 존재처럼 보인다. 왜냐하면 두무지와 관련된 신화는 고대 이집트의 오시리스 신화와 매우 흡사하고,[79] 또 앞에서 살펴보았듯이 아사리를 이르는 설형문자는 고대 이집트에서 오시리스를 표시하는 상형문자와 사실상 동일하기 때문이다.

유일한 후계자로서 아사리는 엔키의 맏아들이었음이 틀림없다.[80] '×××아사리에 대한 찬양Hymn to Asar-luhi'에는 이 같은 사실이 명시되어 있는데, 여기서 아사리는 엔키의 맏아들로서 엔키만큼 지적이고 현명하며 만물을 꿰뚫어보는 혜안을 갖고 있다고 칭송받고 있다. 그는 또한 야금술에 능했으며, 구마驅魔 의식, 행정, 재판 등을 관할했다. 그리고 무엇보다도 가장 중요한 역할은 압주abzu 신전의 주인으로서 정화 사제들을 통솔해서 성수 세례식을 집전하는 것이었다.[81] 이처럼 고대 이집트 신화와 수메르 신화의 접점이 존재한다는 것은 매우 중요하다.

| 어떤 문명이 우위에 있었는가? |

주류 역사학자들은 메소포타미아문명이 이집트문명보다 2~3세기 앞섰다는 사실을 전제로 내세워 인류 고대사를 정리한다. 이런 틀에서 아사리와 관련된 종교적 전통은 당연히 메소포타미아에서 이집트로 유입되었다는 것이 그들의 생각이다. 특히 그들이 고대 이집트 왕조가 시작되었다고 지목하는 기원전 3500년에서 기원전 3000년 사

이의 이른바 선왕조기Proto-dynastic period 이집트 지배자들의 고분에서 수메르풍인 것이 확실해 보이는 유물들이 대거 발굴되면서 이런 전제는 정설로 굳어졌다. 이와 같은 유물들은 그 시기 고분에서 상당수 발견되지만 왕조시대로 접어들면서 빠른 속도로 사라져버렸다.

이런 사실을 바탕으로 고대 이집트문명이 태동기에 교역을 통해 메소포타미아로부터의 영향을 받았다는 것이 오늘날 주류 학설로 자리 잡게 되었다. 당시 이집트가 메소포타미아와 접촉함으로써 빠르게 발전하여 그들의 선왕조시대에 종언을 고하게 되었다는 것이다. 수메르학의 대가였던 옥스퍼드대학의 고고학자 레오나드 울리 경C. Leonard Woolley(1880~1960)은 드러난 증거로 보아 당시 교역이 아주 광범위하게 이루어졌을 것이며, 이를 위해 체계적이고 철저한 행정력이 뒷받침되었을 것이라고 주장했다.[82]

하지만 이런 해석에는 아주 치명적인 문제가 있다. 만일 그 당시 고대 메소포타미아와 고대 이집트가 교역으로 문물을 주고받았다면, 메소포타미아 땅에서 동일 시기 이집트 고유의 유물들이 발견되어야 하는데 그런 것들이 전혀 발견되지 않기 때문이다. 일방적인 메소포타미아로부터 이집트로의 영향만 있었던 것처럼 보인다.[83]

교역이라는 것은 대개 상호적인 것이다. 한쪽이 다른 쪽보다 문명이 상당한 우위에 있다고 하더라도 교역에 의해서 항상 우위優位에 있는 쪽에서 열위劣位에 있는 쪽으로 일방적인 문물 전달이 이루어지는 것은 아니다. 열위 문명권에서도 어느 정도 우위 문명권에 영향을 주기 마련이다. 그런데 당시 상황은 메소포타미아에서 이집트로의 일방적인 영향만 포착된다. 이해할 수 없는 이 문제에 대해 프랑스의 고고학자 조르주 루Georges Roux는 역사 기간 동안 고대 메소포타미아와 이집트 간의 교류가 거의 없었거나 아주 피상적이었을 뿐이었는데, 왕조가 시작되기 직전에 이런 일방적인 영향이 존재했다는 사실이 놀라울 따름이라고 말한다.[84]

혹자는 당시 고대 메소포타미아문명이 이집트 선왕조 문명보다 절대 우위에 있었기 때문에 일방적인 영향이 가능했다고 주장할지도 모르겠다. 그렇다면 문명의 접촉이 있었다고 보는 고대 이집트 선왕조 시대에 메소포타미아 지역이 이집트 지역보다 절대 우위의 문명 수준을 구가했었을까? 수메르학의 대가 울리 경은 고대 이집트 왕조 건국기 당시 메소포타미아 땅의 문명 수준이 이집트보다 한참 뛰어났다고 지적한 바 있다.[85] 하지만 이 시기에는 고대 이집트가 오히려 상당한 우위에 있었다고 봐야 한다. 메소포타미아로부터 이집트로의 일방적으로 영향받은 것처럼 보이는 문제는 전혀 다른 관점에서 바라봐야 할 필요가 있는 것이다.

고대 이집트 선왕조 문명과 동시대의 고대 메소포타미아문명을 비교해보면, 거의 대부분의 과학기술 분야에서 고대 이집트의 수준이 메소포타미아보다 뛰어나면 뛰어났지 못하지 않았음을 깨닫게 된다. 특히 지측술, 건축술, 석재 가공술, 야금술, 직조술, 의술 등의 분야에서는 오늘날 현대문명과 비교가 될 정도로 탁월했다.

역사시대에서조차도 고대 메소포타미아에서는 지구의 둥근 모습이나 크기를 알아냈다는 증거가 존재하지 않지만 제2장에서 살펴보았듯이 고대 이집트 선왕조시대에는 그런 증거가 존재한다. 건축물의 경우 대표적으로 고대 메소포타미아의 우르ur에 건축된 지구라트와 고대 이집트의 기자고원에 건축된 대피라미드를 비교할 수 있겠다. 언뜻 보기에 우르 지구라트를 기자 대피라미드를 비교하는 것이 이상할 수 있다. 하지만 주류 학계에서 인정하는 건축 시기가 둘 다 기원전 3000년경으로 비슷하며, 우르 지구라트가 구약성경에 등장하는 '바벨탑' 원형으로 인식되고 있어 대중적으로 유명한 기자 대피라미드와 비견할 만한 것이다. 그런데 기자 대피라미드가 고대 세계의 7대 불가사의로 꼽히는 반면에 이렇게 역사적 가치가 있는 건축물인 우르 지구라트는 왜 이 목록에서 빠진 것일까? 주류 학계의 주장대로라고 해도 5,000년이나 된 기자 대피라미드는 아직까지도 그 원형이 거의 보존되어 있다. 고대의 7대 불가사의 중 가장 오래되었으면서도 유일하게 현존하는 건축물이다. 하지만 우르의 지구라트는 건축의 주 재료가 진흙 벽돌이었다는 점을 고려한다고 해도 건축 후 수차례 복 원이 이루어질 만큼 구조적 취약성을 갖고 있었다. 고대의 불가사의 에 꼽히지 않은 이유는 고대 그리스가 영향력을 미치던 시절에 원형 을 상실하고 땅속에 파묻혀 있어 당시 그리스인들이 그 존재를 알 수 없었기 때문이다. 혹자는 기자 대피라미드의 외장재가 대부분 벗겨진 것을 문제 삼기도 하는데 이는 건축물의 구조적 취약성 때문이 아니 라 20세기 초에 있었던 강진으로 카이로 시내의 건물들이 대부분 파 괴되자 거주민들이 지진에도 멀쩡했던 대피라미드의 외장재를 닥치 는 대로 벗겨다 건축 자재로 사용했기 때문이다. 건축물의 견고성, 규 모, 정밀성 등에서 기자 대피라미드는 우르 지구라트와 비교 대상이 되지 않는다.[86] 석재 가공의 측면에서도 고대 이집트가 동시대 고대 메소포타미아에 견주어 절대 우위에 있었음을 알 수 있다. 그 예로 돌 항아리를 들 수 있는데, 고대 이집트에서는 오늘날 다이아몬드가 박 힌 드릴로도 가공하기 쉽지 않은, 모스 경도 7~8 정도나 되는 조립현 무암粗粒玄武岩, 섬록암, 반암 등의 화성암을 깎아서 돌 항아리를 만든 반면, 고대 메소포타미아에서는 주로 모스 경도가 2~3 정도인 설화 석고, 석회암, 동석凍石 등과 같은 무른 퇴적암들로 돌 항아리를 제작 했다. 매우 드물긴 하지만 메소포타미아에서 모스 경도 5.5~6 정도의 화성암인 조면암_{粗面岩}을 돌 항아리 제작에 사용하기는 했다. 또 실린더 실_{cylinder seal}을 제작하는 데 모스 경도 6 정도인 적철석_{赤鐵石}이 사용되었는데 이 정도가 그들이 가공했던 가장 단단한 암석이었다.[87] 금속 제련과 관련해 주류학계에서는 기원전 3000년경부터 고대 메소포타미아에서는 청동기 제작이 시작된 반면, 고대 이집트에서는 기원전 2500년경에 이르러서야 가능했다고 보고 있다. 하지만 기원전 4000년까지 거슬러 올라가서 고강도 석재 가공이 이집트 땅에서 이루어졌기 때문에, 고대 메소포타미아보다 일찍 고대 이집트에서 청동기나 그보다 고강도 합금을 사용했을 가능성을 배제할 수 없다.[88] 직조술의 경우 고대 이집트에서는 제1왕조 초기에 이미 최고 수준의 아마포 제조 기술이 고도로 발달해서 오늘날보다 더 가는 실로 더 균일한 섬유를 직조할 수 있었다.[89] 동시대 고대 메소포타미아에서 이런 수준의 직조술이 존재했다는 증거는 없다. 미라에 대한 조사를 통해 고대 이집트에서는 제1왕조 초기부터 외과술 등 상당한 수준의 의술이 발달되어 있었으며 그 이후로 계속해서 그 수준이 퇴조했음을 알 수 있다.[90] 하지만 고대 메소포타미아에서는 미라가 발견되지 않아 의술 수준을 비교하기는 어렵다. 어떻게 대체로 동시대에 비교 열위에 있는 문명에서 그보다 뛰어난 수준의 문명으로 일방적인 영향이 가능하단 말인가? 비밀은 수메르풍 영향의 핵심이 아사리를 중심으로 한 종교적인 부분이라는 데 있는 것 같다.

고대 이집트의 선왕조시대에 일시적으로 나타났던 강한 수메르풍은
동시대 메소포타미아에서 영향받은 것이 아니라 먼 과거로부터 영향
을 받았다고 설명하는 것이 좀 더 그럴듯하다. 고대 이집트인들은 문
명을 되새김질하는 독특한 버릇이 있었다. 예를 들어 신왕국 제26왕
조인 기원전 7세기경 처음 고대 그리스가 이집트에 대해서 알기 시작
했을 때, 이집트 미술은 기원전 2500년경의 구왕국 스타일로 회귀하
고 있었고, 실제로 그 당시의 몇몇 제품들은 2,000년 전의 것과 구분
할 수 없을 만큼 똑같았다.[91] 2,000년 동안 어딘가에 숨겨져 있던 지식
이 갑자기 복원되었던 것이다. 나는 거의 동일한 복원 메커니즘이 왕
조시대의 개막 즈음에 일어났음이 틀림없다고 생각한다. 실제로 윌리
엄스B. Williams와 로건T. Logan은 고대 이집트 선왕조 기간 내내 대대적인
종교 행사가 열렸다는 주장을 제기한 바 있다.[92] 아마도 이런 종교 행
사의 일환으로 수천 년 이전의 초고대 유물과 유적들이 완벽히 복원
되고 있었던 것 같다. 그리고 왕조시대에 접어들며 이런 종교 축제가
끝났고, 그 때문에 갑자기 수메르풍의 흔적이 사라져버렸을 것이다.
그렇다면 동시대와 그 이후에 메소포타미아 땅에 수메르풍의 유물과
유적이 계속 존재했던 사실은 어떻게 설명할 것인가?

　영국 런던대학(UCL)에서 이집트학 교수를 역임했던 이집트 선왕

조 전문가 월터 에머리Walter B. Emery(1902~1971)는 이 문제에 대한 해법으로 '제3의 문명'을 제시했다. 자신이 받은 인상으로 볼 때 거기에는 간접적 연관이 존재한다는 것이다. 이런 간접적 연관은 제3의 문명이 있어서 유프라테스강과 나일강 유역 양쪽 모두에 영향을 끼침으로서 가능하다는 것이다. 그는 이미 고도로 문명을 발전시킨 제3의 세력이 그 문명을 각각 개별적으로 이집트와 메소포타미아에 전했다고 상정하면 두 문명 사이의 공통점과 근본적인 상이점을 가장 잘 설명할 수 있다고 지적했다.[93] 모체母體문명의 가능성을 언급한 것이다. 그렇다면 도대체 이 모체문명은 어디에 있었을까?

4.

모든 증거가
순다랜드를
가리킨다

19세기 후반부터 20세기 초에 이르는 고고학과 인류학 태동기 때 관련 학계에서는 이른바 '문화 전파 이론Cultural Diffusion Theory'을 심각하게 검토했었다. 이 중 가장 급진적이면서도 영향력 있는 전파론자였던 독일의 민족학자 레오 프로베니우스Leo Frobenius는 1898년에 아프리카 서부에서 동남아시아에 이르는 광범위한 지역에 신석기시대의 신화를 만들어낸 문화권이 존재했으며, 그중에서도 인도와 지중해 동부가 핵심 축을 형성했다는 가설을 내놓았다. 그는 이들 지역에서 발생한 신화가 인도네시아를 거쳐 오세아니아, 폴리네시아, 그리고 아메리카 대륙까지 퍼져나갔다고 주장했다. 앞에서 살펴본 바와 같이 구대륙의 계단 피라미드는 고대문명권에서 창조 신화의 핵심적인 이데올로기가 응축되어 있는 건축양식이었으며, 신대륙의 계단 피라미드들이 구대륙의 피라미드들과 그 형태나 기능 면에서 매우 유사하다는 사실은 이런 문화 전파론에 큰 힘을 실어주었다.[94] 하지만 시간이 지나면서 이런 주장은 더 이상 설득력을 발휘할 수 없게 되었다. 문화가 전파된 경로가 불확실하며 무엇보다도 문명 교류에 필연적으로 동반하는 언어적, 고고학적, 유전자적 증거들이 거의 나타나지 않았기 때문이다.

그런데 비록 비주류이기는 하지만 아직도 이런 전파론을 지지하는 학자들이 있다. 그들은 여전히 문화의 전파에 있어 인도네시아로 대표되는 동남아시아의 역할을 중요시한다. 지정학적으로 구대륙 문명들과 신대륙 문명의 중간 지점에 놓여 있을 뿐 아니라 고대에 이곳 거주민들이 태평양을 건너 신대륙을 오갔을 가능성이 제기되고 있기 때문이다.[95]

메조아메리카 고대문명에서 고대 메소포타미아문명과 유사한 피라미드 신전 양식이 나타나는 이유를 설명하려는 일부 학자들은 고대 메소포타미아가 인도문명에 영향을 끼쳤고, 인도네시아를 포함한 동남아시아권에서 기원 전후의 시기에 인도문명이 마야나 아스텍문명으로 전파되는 길목 역할을 했다고 주장한다.[96] 다른 이들은 인도문명이 동남아시아에 정착된 다음 10세기 전후에 신대륙으로의 전파가 이루어졌다고 주장하기도 한다.[97]

하지만 어느 경우이든 피라미드 건축양식이 전파될 정도의 교류였다면, 마야나 아스텍문명에 동시대의 인도문명과 아주 똑같은 모티브들이 지금 우리가 확인할 수 있는 것보다 훨씬 많아야 하는데 그렇지 않다는 것이 큰 문제다.

| 자바섬의 계단 피라미드 건축 전통 |

인도네시아 자바섬 중앙의 라우산 해발 1,400미터 지점에 체토(Cetho) 신전이 있다. 일부 문명 전파론자들이 중남미로 전파된 인도문명 증거의 예로 드는 건축 중 하나다.[98]

이 계단 피라미드형 신전은 자바섬의 다른 인도풍 사원들과 함께

인도네시아 체토 사원.

1300년대부터 1500년대까지 번성했던 마자파히트Majapahit라는 힌두 왕국 때 지어졌다고 알려졌다.[99] 하지만 동시대에 인근 지역에서 지어진 힌두 신전들과 체토 신전은 상당히 다르다. 체토 신전은 주로 안산암을 사용해서 만들어졌으며 부조 디자인이 매우 단순하다. 힌두 왕국 시대의 신전들은 붉은 벽돌을 주로 사용하여 만들어졌으며 부조가 매우 세밀하게 되어 있어 그 확연한 차이를 구분할 수 있기 때문에, 일부 학자들은 이 신전이 인도의 영향을 받기 훨씬 전에 건축되었다고 주장한다. 한편 이 건축물이 힌두 왕국 시대에 건축되었다고 하더라도 힌두풍을 그대로 따르기보다는 자바섬에서 오래 전부터 내려오던 건축양식이 상당 부분 구현되었기 때문에 다른 힌두풍 건축물과는

서부 자바 반텐주의 레벡 찌베도구에서 발견된 계단 피라미드 모형.

선사시대에 발리섬에서 축조된 계단 피라미드 조감도.

이질적인 것처럼 보인다는 설명도 있다. 이 지역에는 선사시대부터 계단 피라미드Punden Berundak 양식의 건축 전통이 있었다는 것이다.[100] 인도에서 힌두교나 불교가 들어오기 이전의 선사시대에 건축된 체토 신전의 원형으로 평가되는 계단 피라미드가 서부 자바 반텐주 레벡 찌베도구에 존재한다. 미스트 마운틴 국립공원에 속해 있는 이 선사 유적지에는 기단 위에 7층의 계단 피라미드가 건축되어 있다.[101]

계단 피라미드는 자바섬뿐 아니라 수마트라 롬복, 그리고 발리섬에서도 발견된다. 위의 그림은 인도네시아 발리에서 발견된 선사시대에 만들어진 계단 피라미드다.[102]

메조아메리카의 계단 피라미드 신전 양식과 유사한 인도네시아 신전 양식이 인도네시아 고유의 전통에서 비롯되었다는 사실은 10세기 전후 인도네시아가 인도에서 메조아메리카로의 문명 전파에서 중간 역할을 했을 것이라는 앨리스 케호 Alice Kehoe의 주장이 근거가 없음을 명백히 보여준다. 그렇다면 오늘날에는 거의 잊혀졌지만 인도네시아에 상당한 수준의 피라미드 문명이 존재해 먼 과거에 신대륙으로 문명 확산을 일으키기라도 했던 것일까?

| 2만 년 전의 인도네시아 피라미드 |

2015년 4월 초 KBS 뉴스에서는 인터넷에서 화제가 되고 있는 인도네시아의 피라미드에 대한 내용을 소개했다. 지금부터 2만 년 전에 건축된 피라미드가 인도네시아의 자바섬 서부에 존재한다는 것이다.[103] 보도 내용에 따르면 건축 연대가 완전히 검증된 것은 아니다. 하지만 만일 사실로 밝혀지면 고대문명의 역사를 새로 써야 할 것이라고 한다. 정말로 역사가 바뀔 엄청난 내용이다. 그런데 여기서 주목해야 할 사실은 이 피라미드가 인도네시아에서 발견되는 전형적인 계단형 피라미드의 원조처럼 보인다는 점이다.

　아직 이 유적의 축조 연대를 2만 년 전으로 특정 지을 순 없지만, 꼭대기로부터 3미터에서 12미터 사이의 모래와 흙, 그리고 숯의 연대를 방사성 동위원소법으로 확인해보니 기원전 14000년경으로 나왔다고 한다.[104]

　이런 결과들을 토대로 유적지의 연대 검증의 실무 책임을 맡고 있

인도네시아 구눙 파당의 계단 피라미드 사진.

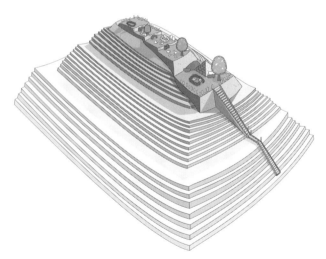

인도네시아 구눙 파당의 계단 피라미드 조감도.

는 대니 힐만 나타위디아자 Danny Hilman Natawidjaja는 구눙 파당 Gunung Padang 피라미드가 기자 대피라미드보다 훨씬 오래되었다고 주장한다. 그가 발굴한 바에 의하면 그 유적은 분명히 인공적으로 쌓은 피라미드이며, 내부의 구조물을 드릴로 파내서 방사성 연대 측정한 결과 기원전 20000년부터 기원전 7000년 사이에 세 차례에 걸쳐 건축되었을 가능성이 있다는 것이다.

이처럼 오래 전에 인도네시아에 피라미드 문명이 존재했다면 지금까지 주장되어온 근동 지역에서 동남아시아로의 문명 전파가 아닌, 정반대 방향으로의 문명 전파 가능성이 대두된다. 고대 메소포타미아와 이집트의 모체문명이 그곳에 있었다는 이야기다. 또한 이 동남아시아 피라미드 문명이 신대륙 피라미드 문명의 원조가 되었을 가능성이 있다.

| 수메르인들은 어디서 왔는가? |

수메르학에 있어 케케묵은 논쟁이 하나 있다. 이른바 '수메르인 문제 Sumerian Problem'가 바로 그것이다. 메소포타미아에는 오래 전부터 셈어 Sematic language를 사용하는 여러 민족들이 살고 있었다. 그런데 수메르어는 이와는 상당히 이질적인 언어로 도대체 이 언어를 쓰는 민족이 누

구였는가, 언제 어디서 그들이 메소포타미아 남부로 유입되었는가 하는 문제가 오랫동안 논란이 되었다. 명확한 결론은 나지 않았지만, 에리두의 엔키 신전이 발굴이 진행되면서 수메르인들이 최소한 기원전 5000년 이전에 남부 메소포타미아에 유입되었다는 정도만 확인되었다.[105] 그들이 어디서 왔는지에 대해 우랄-알타이어를 쓰는 종족이 사는 흑해 쪽이나 도자기 문양이 비슷한 이란 고원 쪽, 또는 골상학적 유사성이 있는 인도 쪽에서 왔다는 등등의 가설이 제기된 바 있다.[106] 하지만 이 어느 가설들도 확실한 증거가 없다. 그런데 수메르 초기 유적에서 동남아시아와의 연관성이 있는 듯이 보이는 고고학적 발견이 있었다.

| 메소포타미아에서 발견된 동남아 유적들 |

레오나드 울리 경이 메소포타미아의 우르 지역에서 발굴한 유적 중에 채색된 도자기, 구멍 뚫린 진흙 원반, 사각형의 손도끼와 석재 괭이 등이 있었는데 이것들은 남중국 해안에서 발견되는 것과 유사했다.[107] 또 우르기보다 앞선 우바이드기Ubaid period의 무덤에서 발견되는 조각상들은 가느다란 눈과 단두短頭를 하고 있는데 이와 유사한 조각상들은 지금도 파푸아뉴기니 지역에서 만들어지고 있다. 또 조각상들이 발견된 무덤에 묻힌 시신들은 적철광으로 채색되어 있었는데 이런 양식은 인도네시아의 보르네오에서도 발견된다. 이처럼 메소포타미아문명의 초기에 인도네시아풍의 유적들이 발굴됨으로서 수메르인들의 정체에 대한 논란이 일게 되었다.[108]

이런 논란의 중심에 섰던 학자 중에 시카고대학의 독일 출신 아시리아 학자 베노 랜즈버거Benno Landsberger(1890~1968)가 있었는데 그는 수메르인들이 바다를 항해해서 멀리 동쪽으로부터 왔으며, 이들이 수메르 창조 신화와 에덴동산, 그리고 홍수 이야기를 메소포타미아 땅에 소개했다고 주장한 바 있다.[109] 랜즈버거에 앞서 시카고대학에서 근동학자로서 명성을 떨쳤던 앙리 프랑크포르Henri Frankfort(1897~1954)는 기원전 4000년경에 메소포타미아 남부 지역에 있었던 인종은 평평한 앞이마의 두상 특징을 보여주며, 이는 아시아의 동쪽 끝(동남아시아와 멜라네시아 경계) 지역 인종의 뚜렷한 특징이라고 지적했었다.[110]

앞에서 고대 메소포타미아나 이집트에서 아사리(오시리스)는 매우 중요한 신이라고 했다. 그런데 이 신의 이름이 동남아시아의 기원으로 볼 수 있다는 주장도 제기되었다.[111]

기원전 2000년 이전의 남부 메소포타미아에서 수메르어가 종교적 목적으로 사용되었던 것으로 보인다.[112] 그런데 이 언어는 어근에 접사가 결합되어 문장 내에서의 각 단어의 기능을 나타내는 '교착어'로서 그 지역의 대부분 민족이 쓰던 셈어 계통의 언어와는 확연히 달랐다. 따라서 이 독특한 언어를 쓰던 민족이 근동 지역으로 유입되었다는 가설이 제기되었는데, 도대체 그들이 어디서 왔는지에 대해서는 오랜 논쟁이 있었지만 아직도 정리가 되지 않았다. '추정컨대 민족 이동기에 동북방에서 침략해왔다', '어쩌면 우랄-알타이어계일지 모른다'는 것이 고작이다. 우랄어나 알타이어가 '교착어'이기 때문이다.

교착어로 분류되는 언어들로 우랄어, 알타이어, 드라비디어, 오스트릭아시아어, 오스트릭네시아어, 그리고 따이-까다이Tai-Kadai어 등이 있다. 이들 언어를 쓰는 인종은 주로 메소포타미아의 동쪽에 위치한 아시아 지역에 분포한다. 따라서 수메르인들은 메소포타미아 동쪽으로부터 유입되었다는 주장에는 상당한 설득력이 있다.

수메르어의 특색은 문장에서 접미사와 접두사를 자유롭게 사용한다는 것이다. 그런데 우랄어, 알타이어나 드라비드어에서의 동사 활용이나 명사, 대명사의 어형 변화에서 거의 대부분 접미사만을 사용한다. 이런 측면에서 수메르어는 오스트릭아시아어, 오스트릭네시아어, 따이-까다이어 등을 포괄하는 오스트릭어군에 속했을 것으로 판단된다. 오스트릭어군으로 분류되는 언어들에서는 수메르어처럼 접미사뿐 아니라 접두사 활용도 많이 이루어지기 때문이다.[113]

오스트릭어군은 인도 편잡 지역을 포함해 그 동쪽의 남중국 및 동남아시아, 태평양, 그리고 일부 학자들에 의하면 심지어 남아메리카 동부 지역에서까지 사용되고 있는 언어들의 총집합으로서 한 가지 모어母語에서 갈라져 나왔다고 추정된다.[114] 이처럼 언어학적인 측면에서 보아도 수메르인들이 동남아시아 쪽에서 왔다는 울리 경이나 랜즈버거의 추론이 맞는 것처럼 보인다.

인도의 공학자 아쇽 말호트라Ashok Malhotra는 수메르인들이 메소포타미아의 동쪽 인도양 해안을 따라 멀리서 이주해온 민족일 것으로 추정하고 오스트릭어군에 속한 언어들과 수메르어의 비교를 시도했다. 그 결과 우연으로 넘길 수 없는 만큼 충분한 유사성을 발견했다. 예를 들어 '나I'는 수메르어로 가ga인데, 오스트릭어군에서 나를 가리키는 말은 '가ga', '고go', '가우gau' 등으로 발음된다. 또 '그he'를 가리키는 수메르어는 '에네ene'인데 오스트릭어군에서 그를 가리키는 말은 '에네ene', '이니ini', '에나ena' 등이다. 한편 '무엇what'을 의미하는 수메르어는 '아나ana'인데, 오스트릭어군에서 이는 '아노ano', '우아니uani', '나니nani' 등으로 발음된다. 말호트라 분류에 따라 오스트릭어군에 속하는 일본어에서 무엇은 '나니'다.

말호트라는 인도 주변에 오스트랄로이드 또는 오스트릭어족들이 다수 존재함을 근거로 수메르어가 처음부터 고립되었던 언어가 아니라고 주장한다. 그는 태평양이나 동남아시아보다는 인도 서쪽 지역이 메소포타미아에서 보다 가깝기 때문에 이 인근 지역의 언어를 조사함으로써 좀 더 수메르어에 유사한 언어학적 증거를 찾을 수 있을 것으로 기대하고 있다.[115] 하지만 영국의 유전학자 스티븐 오펜하이머(1947~)는 수메르의 기원과 관련한 유전학적 근거를 동남아시아에서 발견했다.

| 인류 문명의 요람, 순다랜드 |

스티븐 오펜하이머는 고대 이집트와 메소포타미아문명이 공통적으로 동남아시아에서 비롯되었다고 말한다. 모체문명이 동남아시아에서 처음 그 싹을 틔워 근동 지역까지 전파되었다는 것이다. 그뿐 아니라 중국, 인도, 그리고 지중해문명의 모체문명 또한 동남아시아에 있었다고 그는 주장한다. 전 세계 모든 문명들이 동남아시아에서 비롯되었다는 것이다.[116]

기원전 10000년경까지 동남아시아에는 순다랜드Sundaland라는 아대륙亞大陸이 있었다. 오늘날 말레이시아와 인도네시아 사이에 놓인 얕은

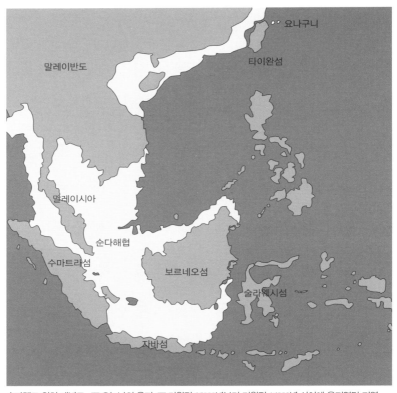

순다랜드 위치 개념도. ■ 오늘날의 육지. □ 기원전 25000년부터 기원전 14000년 사이에 육지였던 지역.

바다인 순다해협을 포함하여 동아시아 연안을 포괄한 넓은 지역으로 당시에는 육지였다. 이곳은 7만 년 전 인류가 아프리카를 벗어나 유라시아 대륙으로 이주한 이후로 인류 최고의 요람이었다.

오펜하이머는 신화학, 기후학, 지질학, 언어학, 유전학 등 여러 가지 측면에서 자신의 가설이 옳음을 설명한다. 우선 신화학적 차원에서 보면 수메르 신화와 고대 이집트 신화가 동남아시아 신화와 유사한 모티브를 많이 공유하고 있음을 지적한다. 그에 의하면 무엇보다도 가장 중요한 신화가 바로 오시리스와 관련된 것이다. 오펜하이머는 고대 이집트와 메소포타미아에 전해지는, 죽었다 부활하는 신인 오시리스에 대한 신화의 원조를 동남아시아의 생명의 나무와 두 형제 이야기 등의 전설에서 찾아볼 수 있다고 말한다.[117] 또 그는 기후학, 지질학적 차원에서 검토해본 결과 수메르 신화의 대홍수 이야기 원형이 동남아시아에 있다고 확신한다. 그에 의하면 홍적세 마지막 빙하기가 끝나던 무렵 순다랜드에 대규모의 화산 폭발과 지진이 잇달아 일어났고 이에 동반된 대대적인 쓰나미가 있었는데, 여기서 성경의 대홍수 이야기가 탄생하게 되었다는 것이다. 오펜하이머에 의하면 이런 대홍수는 지금으로부터 1만 5,000년 전 또는 8,000년 전에 일어났다고 한다.[118]

| 순다랜드의 초고대문명, 신화인가 실제인가? |

순다랜드 모체문명 가설에 대해 주류 학계에서는 이를 새로운 형태의 아틀란티스 가설로 치부한다. 오래 전부터 회자되어온 아틀란티스 가

설과 마찬가지로 높은 수준의 문명이 존재했다는 구체적인 증거가 없다는 것이다. 하지만 아틀란티스 가설과는 근본적인 부분에서 확실히 차별화된다. 순다랜드가 수만 년 동안 인류 문명의 요람이었다는 유전학적, 인류학적, 그리고 고고학적 증거들이 존재하기 때문이다.

대체로 학자들은 문명의 맹아가 싹트는 시기를 야생동물을 길들이고 야생 작물을 재배하기 시작하는 시점으로 보는데 말레이시아고고학학회 회장인 닉 하산 슈하이미 닉 압둘 라하만Nik Hassan Shuhaimi Nik Abdul Rahman 교수는 인류 최초의 목축과 농업이 기원전 12000년경에 순다랜드에서 이루어졌다고 주장한다.[119] 하지만 그 시점이 이보다 훨씬 일렀을 개연성이 매우 높다. 유전학적 추적에 의하면, 인류의 가장 오래된 반려동물인 개 사육은 동남아시아에서 기원전 13000년 이전에 최초로 이루어진 것으로 나타난다. 한편 오늘날 동아시아에서 가장 많이 재배되는 작물인 벼는 고고학적 발굴에 의해 한반도에서 기원전 15000년경에 세계 최초로 재배되기 시작했음이 밝혀졌다. 그렇다면 한반도가 정말로 벼 재배가 최초로 일어난 곳일까? 국립식량과학원의 박태식 박사는 우리 조상 중 남방계南方系의 한 부류가 아열대기후 지역으로 야생 벼의 자생지인 순다랜드 북부(태국, 베트남 지역)에서 볍씨를 가지고 북상해 재배를 시작한 것으로 보고 있다. 그렇다면 그들이 순다랜드에 머물러 있을 때 야생 상태의 볍씨를 채취해 순화 벼domesticated rice를 재배하려는 시도를 하지 않았을까? 그런 시도가 없었다면 이상한 일이다. 현재 고고학적 증거가 나오지 않는 이유는 고온 다습한 기후 때문에 그렇게 오래된 증거들이 모두 유실되었기 때문이라고 봐야 한다.[120] 실제로 기원전 18000년경에 초보적 농경 행위가 순다랜드(보르네오)에서 뉴기니아 동쪽 뉴아일랜드의 섬에까지 세계 최초로 광범위하게 이루어졌다는 증거가 드러났다. 수렵하는 동물들의 번식률을 높이기 위해 이동시키거나 채집하는 식물들의 수확량을 높이기 위해 이식하는 작업이 그곳에서 이루어졌다는 것이다.[121] 그리고 무엇보다도 순다랜드로 대표되는 동남아시아를 문명의 기원으로 볼 수 있는 것은 그들이 4만 년 전까지 거슬러 올라가서 대양 항해를 할 수 있는 배를 제작했다는 증거가 있기 때문이다.[122] 대양 항해를 하려면 상당한 수준의 천문 관측 능력이 필요하며 이는 4만여 년 전 순다랜드인들이 비교적 높은 수준의 과학 기술력을 갖추고 있었음을 가리킨다.

그렇다면 구눙 파당의 피라미드 구조물 이외에 순다랜드 문명을 확인할 다른 건축물은 없을까? 모체문명의 존재를 역설하는 이들은 그런 것이 있다 하더라도 대부분 바다 속에 잠겨 있을 것이라고 지적한다. 그리고 순다랜드와 관련된 가장 유력한 해저 유적으로 '요나구니與那國'를 꼽는다.

| 요나구니, 세상에서 가장 오래된 건축물? |

요나구니는 타이완 북동쪽에 위치한 일본령으로, 해저에 대형 암반을 다듬어서 요새처럼 구축한 것처럼 보이는 지형이 발견된 곳이다. 순다랜드의 동북단에 위치한다. 일본 도쿄대학 지질학과의 데루아키 이쉬이石井輝秋 교수는 그것이 정말로 인공 구조물이라면 빙하기 말에 바다 속에 잠기기 직전인 기원전 8000년 이전에 건설된 것이라고 지적한다. 그런데 주류 고고학계에서는 이를 초고대 유적지로 인정하지 않는 분위기다. 자연 암반이 바닷물의 절삭 작용에 의해 그런 모양으로 깎일 수 있다는 것이다. 하지만 일본 오키나와 류큐대학 지질학과

초고대문명 유적지로 추정되는 요나구니 해저 구조물 사진. © OCVB

의 마사키 기무라 木村政昭 교수는 그런 가능성을 부정한다. 파도에 의한 절삭이 이루어졌을 경우라면, 암석 조각들이 주변 바닥에 어느 정도 쌓여 있어야 하는데 그가 조사한 바에 의하면 전혀 그런 흔적을 찾을 수 없었다는 것이다. 미국 보스턴대학의 지질학과 교수 로버트 쇼크 Robert Schoch도 다른 관점에서 이런 의견에 공감한다. 물결에 의한 절삭과 암석의 쪼개짐에 의해 층상 구조가 형성될 수 있지만, 지금까지 그가 관찰해본 그 어느 경우에도 요나구니에서처럼 거의 정확히 균일하게 직각을 이루는 경우는 없었다고 지적한다. 그가 보기에 이 초거대 암석 구조물의 옆면은 인공적으로 다듬어진 계단 피라미드처럼 보인다는 것이다. 실제로 요나구니 구조물은 안데스 산지의 마추픽추나 삭사이후아만에서 볼 수 있는 자연 거대 암석의 구석구석에 계단을 만들어놓은 것과 매우 유사하다.

영국 런던대학(UCL)의 고고학자 짐 모워 Jim Mower는 만일 이 구조물이 1만 년 전에 인공적으로 만들어진 것이라고 확인된다면, 이는 지금까지 동남아시아 역사에 대해 생각해오던 모든 사실을 통째로 뒤집는 일이라고 지적한다. 요나구니에서 그들이 이룩한 성취가 고대 메소포타미아나 인더스문명에서 이뤄진 성취에 필적하기 때문이라는 것이다.[123] 하지만 그것이 사실일 경우, 이른바 4대 문명이 등장하기 5,000년 전에 이미 훨씬 뛰어난 과학기술이 존재했을 가능성이 있다는 주장도 있다. 요나구니가 천문학적으로 매우 의미 있는 지정학적

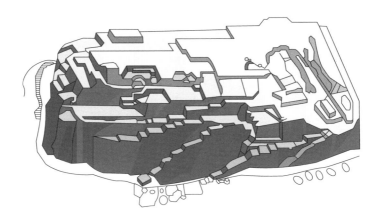

초고대문명 유적지로 추정되는 요나구니 해저 구조물 형태.

자연 거대 암석에 계단을 만들어놓은 삭사이후아만의 유적.

위치에 놓여 있기 때문이다. 수몰되기 전인 지금으로부터 1만 년 전쯤에 이곳은 북회귀선상에 놓여 있었다. 로버트 쇼크는 1만 년 전 고대인들이 회귀선의 위치와 그것이 천천히 이동한다는 사실을 알고 있

었을 것으로 추정한다. 그리고 요나구니가 고대의 천문학적 신전의 역할을 했을 것으로 본다.[124]

| 비극적 파멸, 그리고 엑소더스 |

오펜하이머는 유전학적 조사를 통해 기원전 10000년을 전후해서 메소포타미아 지역, 인도 지역, 남중국 지역, 동북아시아 지역, 그리고 멀리는 터키까지 동남아시아로부터의 대대적 이동이 있었음을 추적했다. 이를 바탕으로 그는 고대 메소포타미아, 이집트, 인더스, 중국문명이 순다랜드로부터의 이주민들에 의해 건설되었다는 가설을 제기했다.[125] 이 가설은 매우 설득력이 있는데, 추운 빙하기에 따뜻한 적도 부근이라는 점, 이에 더해 환태평양지구대에 걸쳐 있어 지열이 비교적 높게 유지되고 동식물 자원이 풍족해 좋은 수렵 채취 여건이었다는 점 등을 볼 때 그곳이 문명의 맹아가 싹틀 수 있는 최적지였기 때문이다. 마지막 빙하기가 끝나가던 기원전 10000년 전후 시기에 이 지역은 해수면의 급상승에 의해 침수가 일어나기 시작했고, 잦은 지진과 기후 변화로 인해 더 이상 인류의 파라다이스가 될 수 없었었다. 당시에 있었던 여러 지역으로의 인류 이동에는 이런 환경 변화가 크게 작용했을 것으로 오펜하이머는 추측한다.

순다랜드에서의 인류 이동도. 유전학적 분석은 1만여 년 전 순다랜드로부터 유라시아 각처로의 인적 이동이 있었음을 증거한다.

아프리카를 전문으로 연구하는 인류학자 빔 판 빈스베르겐Wim van Binsvergen은 '아프리카로의 복귀 가설'을 통해 오펜하이머의 순다랜드 가설을 확대하여 적용해야 한다고 주장한다. 그에 의하면 7만 년 전에 아프리카를 떠나 순다랜드에 정착했던 이들의 후손들이 간빙기 전후로 다시 아프리카와 지중해 지역으로 되돌아왔다는 것이다.[126]

구눙 파당 피라미드의 존재는 오펜하이머나 빈스베르겐의 가설에 상당한 힘을 실어줄 전망이다.

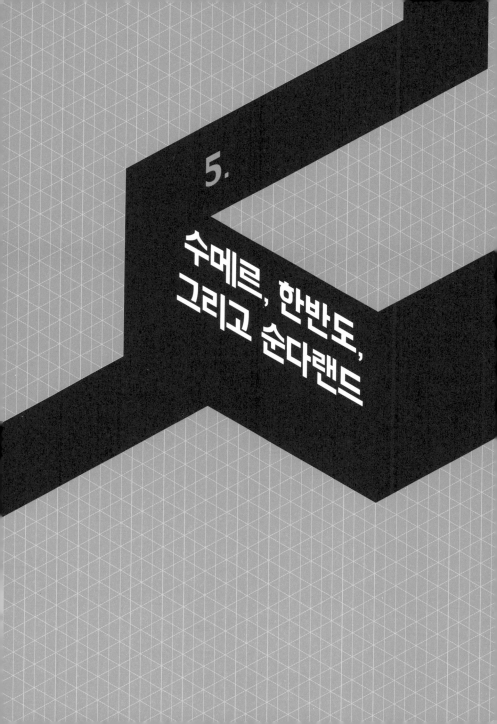

5.

수메르, 한반도, 그리고 순다랜드

수메르 역사가 다름 아닌 한민족에 의해 이루어졌다는 가설을 토대로 한 3부작 소설이 《에미 이름은 조센삐였다》라는 사회소설로 유명한 윤정모 작가에 의해 쓰여졌다. 그는 한민족의 기원을 수메르문명에서 찾는 《수메르 역사》라는 저술을 접하고 이런 책을 썼다고 한다. 비록 소설이기는 하지만 곳곳에 우리 고대사에 등장하는 시월 제천의식, 참성단, 천부경, 홍익인간 등의 요소를 가미해 수메르인이 우리 민족의 한 갈래임을 제시했다. 그녀는 10년 가까이 자료를 찾고 현장 답사를 한 끝에 수메르문명이 한민족의 역사와 연결된다는 확신을 갖게 되었다고 한다. 수메르인들 스스로 '검은 머리 사람들'이라고 한 것이나 교착어와 청회색 토기를 사용하고 순장의 풍습, 씨름 등 우리 민족의 원형질을 고스란히 간직하고 있었기 때문이라고 한다. 그녀는 인종, 언어, 생활, 문화 등을 종합할 때 수메르의 원형을 지닌 것은 한

민족뿐이라고 단언한다.[127]

근동학자 조철수 교수는 한국언어학회 논문집 〈언어학〉에 발표한 논문 "수메르어·국어고어 문법범주 대조분석"에서 수메르어는 한국어와 같은 교착어로서 비슷한 어휘가 많다고 했다. 예를 들어 수메르어의 복수형 어미 '네'는 한국어 남정네의 '네'와 같다. 수메르어 지시형용사 '-에', '-궤'는 이것, 그것을 가리킬 때 쓰이는 한국어 '이', '그'와 비슷하다. 수메르어 사역형 어미 '이'는 한국어의 '이'와 같다. '누이다'가 대표적인 예다. 수메르어 관형격 어미인 '아크'는 한국어에서 받침 'ㄱ'으로 변용되었다. '석 달', '아낙', '나막신'의 바침 'ㄱ'이 '아크'와의 연관성을 보여준다고 한다. 그 밖에 유사한 것들을 더 살펴보면, 수메르어의 '실sil', '니ni', '석sug', '디리디리diridiri' 등은 우리말의 '썰다' 할 때 '썰', '단내 비린내' 할 때 '내', '썩다' 할 때 '썩', 그리고 '따로따로'와 각각 대응한다.[128]

　박기용 서울고전고대문헌연구소 소장은 "우랄-알타이어족의 상위 개념으로서 수메르어와 한국어를 포괄하는 어족을 설정할 수 있다"며 두 언어의 유사성에 대해 더욱 깊은 연구가 이루어져야 한다고 말

수메르어	한국어	의미영어
실sil2	썰-썰다	cut into, divide
살sal	살-살살, 살며시	smooth
니ni	내	smell
석sug	썩-썩다	in rotten
기르gir	길	road
시드sid	세-세다	count
디리diri	따로	alone
허르hurh	헐-헐다	incice
달dal	달림, 달음질	footrace

한다.[129]

우리말은 일본말과 어법이 비슷하다는 유사성은 있지만, 기초 어휘가 전혀 다르다. 언어학자들은 한 언어가 둘로 분화된 후 1,000년이 지날 때마다 기초 언어의 20퍼센트 정도가 달라진다고 어림한다. 한때 고대 한국어와 고대 일본어가 약 5,000년 전에 분화되었다는 주장이 있었는데,[130] 이 공식대로라면 기초 언어에 아직까지 30퍼센트 이상의 공통어가 존재해야 하는데 그렇지 않다. 결국 두 언어 간의 분화가 이보다 훨씬 오래 전인 1만 년 이전에 일어났다는 식으로 설명해야 한다.[131]

앞에서 소개했듯이 수메르족이 한민족의 일부였다면, 우리말과 일본말의 유사성에 비해 수메르어와의 유사성은 더 떨어지므로 그 분화

시기는 1만 년 훨씬 이전임을 의미한다.

| 순다랜드에서 올라온 한반도인 |

하와이대학 언어학과 석좌교수 로렌스 라이드Lawrence A. Reid는 일본의 언어에서 동남아시아인들의 오스트릭어 흔적들을 찾을 수 있다는 주장을 했다. 그에 의하면 일본인들과 동남아시아인들이 어떤 유전적인 연관성을 갖고 있지는 않지만, 원거리 항해를 아주 오래 전부터 해온 동남아시아인들이 일본까지 진출해서 그들 언어에 흔적을 남긴 것이라고 한다. 다시 말해서 일본어는 원래 우랄-알타이어족에 속하지만 동남아시아인들의 언어 일부가 일본어에 유입되었다는 것이다.[132] 하지만 원래부터 동남아시아인들의 언어가 초기 일본 및 한반도 정착민들이 사용했던 언어였음이 최근 밝혀지고 있다.

　한반도와 일본 최초의 토착민들이 알타이어족인 북방계가 아니라 따이-까다이어족인 남방계였을 가능성이 제기되었다. 즉, 이마가 좁고 얼굴이 긴 북방인들이 한반도 일대에 정착한 것은 후대의 일로 원래의 토착민들은 이마가 넓고 얼굴이 둥근 동남아인에 가까운 모습이었다는 것이다.[133] 실제로 이는 고고학적 발견을 통해 입증되었다. 최근 한반도 남부 지역에서 출토된 두개골을 조사해보니 동남아시아계에 가까운 남방형 얼굴임이 드러났다. 최소한 남부 지역에 적지 않은 동남아시아의 영향이 있었음을 가리킨다.[134]

우리나라 상고사를 연구한 전문가들에 따르면 한국인은 80퍼센트가 북방계와 중간계다. 북방계는 바이칼호수 서쪽과 동쪽에서 빙하기를 지낸 뒤 10,000~2,500년 전에 몽골 고원과 만주를 거쳐 한반도로 이주한 사람들이고, 중간계는 이들과 남방계의 혼혈로 나타난 사람들이다. 나머지 20퍼센트 정도는 남방계인데 이들은 북방계보다 수천 년 전에 한반도와 일본에 들어와 토착민이 되었다고 한다. 마지막 빙하기의 서해가 눈과 얼음으로 대륙과 이어져 있던 시절에 이들이 순다랜드에서 올라왔다는 것이다.[135]

순다랜드어가 최초의 언어였을까?

최근 연구는 초기 한반도 원주민들이 오스트릭어군에 속하는 따이-까다이어족에 속했음을 시사한다.[136] 하지만 현재 우리가 쓰고 있는 언어는 따이-까다이어가 아니다. 여러 차례에 걸친 알타이어족들의 한반도 유입에 의해 원주민의 말은 흔적만 겨우 남고 대부분 알타이어로 대체되었다. 그런데 사실 알타이어는 따이-까다이어족에서 일찌감치 분리되어 먼저 북상한 종족이 사용한 언어일 가능성이 높다.[137]

넓게 보았을 때 우리가 현재 사용하는 언어는 오스트릭어군에 속하는 것이다.

따라서 조철수가 지적했던 우리말에 흔적이 남은 수메르어와 유사한 표현들은 먼 옛날 순다랜드에서 함께 생활하던 종족들 간에 공통적으로 사용되던 표현들 중 일부가 화석화된 것들일 가능성이 있다.

박기용 소장은 우랄-알타이어족의 상위 개념으로서 수메르어와 한국어를 포괄하는 어족을 설정할 수 있다고 했는데, 우랄어와 알타이어의 연계성은 아직 확인된 바가 없어 우랄-알타이로 묶는 것은 가설에 지나지 않는다.[138] 따라서 단지 수메르어와 한국어의 상위 개념으로 상정할 수 있는 광역의 오스트릭어군 안에서 그 연관 관계를 추적해야 한다고 고쳐 말하는 것이 옳다.

수메르문명의 동남아 기원설은 우리말과 수메르어의 유사성을 주장하는 일부 학자들의 이론을 잘 설명해줄 수 있다. 원래 동남아에서 가까이 있었던 부족들이 각각 북동아시아와 근동 지역으로 이동하여 그 언어적 흔적을 남긴 것이라고 볼 수 있기 때문이다. 아마도 수메르어는 그 종교적 목적 때문에 오랫동안 원형이 지켜진 것 같으며, 우리나라나 일본과 같은 비교적 고립된 반도나 섬에서 언어의 변화가 매우 서서히 일어났기에 그 오랜 격리 기간에도 불구하고 양쪽간의 유사성이 나타나는 것 같다.

우리 언어에 극소수의 초기 따이-까다이어 흔적이 남았을 것이라는 점, 수메르어가 따이-까다이어가 포함된 오스트릭어군에 동일 어근을 많이 갖고 있다는 점 등으로 미루어 결국 우리나라의 일부 풍습과 언어가 수메르와 비슷한 것은 그 뿌리를 순다랜드에서 찾아야 할 것 같다.

| 중국 계단 피라미드와 환국[139]의 실체 |

유네스코 세계유산에 등재된 기록을 보면 중국 북부의 요량성과 길림성의 계단 피라미드 무덤들은 중국 영토에 존재했던 고구려 왕국의 유적지로 소개되어 있으며, 우리 민족과의 연관에 대한 설명은 일언반구도 없다. 그냥 중국 영토 안에 있다가 사라져버린 왕국일 뿐이다.[140]

고구려 피라미드 고분에 대한 기원에 대해서 국내 역사학자들 사이에 약 5,500년 전 중국 요하에서 발달했던 홍산紅山 문화[141]에서 찾는 기류가 있다. 이들에 의하면 홍산 문화 시대에 이미 7층의 거대 계단 피라미드형 적석총이 건설되었다는 것이다. 이들은 홍산 문화가 고조선 문명과 직결된다고 본다.[142]

하지만 중국 정부는 이 홍산 문화를 이른바 하상주夏商周[143] 시대 이전의 중화문명 3대 원류 중 하나라고 보고 있다.[144] 따라서 이와 연관

홍산 문화의 계단식 피라미드 개념도.

있음이 명백해 보이는 고구려를 중화문명의 하나로 편재하는 것이 시급했을 것이다.

중국 당국은 한때 북중국 및 만주 땅에는 옛날부터 야만 민족과 기마민족들이 살았던 곳이라 진보된 문명의 흔적이 없다는 입장을 견지했었다. 그러다가 10여 년 전부터 고구려의 역사를 중국 역사에 편입시켜 자국 학생에게 가르치고 전 세계에 고구려 역사가 중국 역사라고 홍보하고 있는 중이다. 동북공정이 바로 그것이다.

중국 당국이 고구려에 대한 동북공정을 신속하게 진행한 데는 그럴 만한 중요한 이유가 있는 듯하다. 계단 피라미드 유적지가 그곳에만 존재하는 것이 아니기 때문이다.

1945년에 중국 상공을 비행하던 미군 수송기 조종사가 북서부의 산서성의 성도인 서안에서 계단형 피라미드군을 발견하고 그중 하나를 촬영하여 기록으로 남겼다. 한동안 이 사실은 세상에 알려지지 않

았는데 최근 구글 어스로 확인이 가능해지면서 전 세계인들의 이목을 집중시키고 있다.[145]

이 계단 피라미드군은 1963년부터 중국 고고학자들에 의해 발굴되기 시작했다. 그들은 이 고분군이 당연히 진시황과 관련되어 있을 것으로 예상했었다고 한다. 그러나 탄소 연대 측정법에 의해 그 거대한 피라미드는 진시황의 무덤보다 2,000여 년 앞서 만들어진 것으로 밝혀졌다.[146] 하지만 현재 중국 당국의 공식 입장은 그것들이 서한(西漢)의 왕릉이라는 것이다. 그런데 현재 여기서 발굴된 유적들에 대한 정보가 제한적이며, 심층적인 발굴 조사가 이루어지지 않고 있다. 그 이유

구글 어스로 포착한 중국 산서성 서안 인근의 계단 피라미드형 고분.

는 무엇일까?

국수주의적 사관을 갖는 일부 재야학자들은 그 이유가 중국 당국이 피라미드들을 발굴하다가 동이족 東夷族, 즉 우리 민족의 유물들이 쏟아져 나오므로 발굴을 중단했다고 추정한다. 그들에 따르면 오늘날 중국 땅 북부에 환국이 있었고 이 피라미드군은 환국에서 만들었다는 것이다. 그들은 현재 한반도에 있는 우리 민족이 환국에서 이주해왔다고 주장한다. 계단형 피라미드 건축이 환국에서 세계 최초로 이루어졌고 이후에 고대 이집트와 아메리카 대륙에까지 전파되었다는 것이다.[147]

서구의 비주류 인류학자들 중에 중국으로부터 피라미드 건축 기술이 아메리카 대륙으로 전파되었다는 주장을 하는 이들이 있기는 하다.[148] 국내 재야학자들은 그런 피라미드 건축 기술이 중국문명에서 아메리카로 전파된 것이 아니라 오래 전 중국 땅에 살던 우리 민족들에 의해 전파되었다는 것이다.

하지만 우리 민족이 직접 관여되어 있건 아니건 중국 계단형 피라미드의 진짜 원조는 동남아시아라고 봐야 하지 않을까? 1만 여 년 전 순다랜드에서 서쪽뿐 아니라 북쪽으로 이주한 민족들이 이런 축조 기술을 전승했을 것이다.

6.

아메리카 대륙에
피라미드를 건설한
사람들

2015년 5월 13일 EBS의 "세계견문록 아틀라스"에서 페루문명사를 소개했다. 그날 방영된 제2부 '프레잉카, 베일을 벗다'에서 잉카문명의 모체문명들을 소개했는데, 이 중에서 카랄문명이 구대륙의 고대 이집트문명보다도 앞섰다는 파격적인 주장을 했다.[149] 사실 이 부분은 아직 단정적으로 말하기는 어렵다. 전반적으로 문명의 출발 시기를 재검토해야 하기 때문이다. 하지만 그동안 상식처럼 생각되었던 믿음 하나가 송두리째 뒤집어진 것은 사실이다. 신대륙 문명의 성립이 구대륙의 4대 문명보다 시기적으로 한참 뒤졌다는 믿음 말이다.

고고학에 있어서 20세기 초에 제기된 여러 유형의 문명 확산 이론들 중 대표적인 것으로 '초전파주의Hyperdiffusionism'가 있다. 인류 역사에서 가장 먼저 발달한 첫 번째 문명으로부터 그보다 덜 발달한 문명들로의 문화 전파가 순차적으로 일어났으며 이런 사실을 말해주는 가장 확실한 증거가 계단 피라미드 건축양식이라는 것이 핵심이다.[150] 최초 문명의 순다랜드 기원설을 주장하는 스티븐 오펜하이머도 현대판 초전파주의자라고 볼 수 있다.

이런 가설 주창자들 중 가장 학문적으로 큰 파급력을 미친 이는 호주 출신의 영국 인류학자 엘리엇 스미스Grafton Elliot Smith였다. 20세기 초에 맨체스터대학과 런던대학(UCL) 등에서 의대 해부학 교수를 역임했던 그는 인류학 분야의 자문을 하면서 초전파설을 창시했다. 그는 고대 이집트가 가장 오래되고 가장 발달한 고대문명이라고 판단했다. 그래서 거기로부터 전 세계로 문명 전파가 이루어졌다고 생각했다. 그가 보기에 이런 문명 전파의 가장 큰 동기는 광산 개발이었다. 하지만 동남아시아나 폴리네시아에는 광산이 없는데 왜 그곳까지 문명 전파의 자취가 존재하는지에 대해서는 설명이 어려웠다. 그런데 그가 맨체스터대학에 몸담고 있던 시기에 그와 함께 초문명전파설을 지지했던 같은 학교의 비교종교학자 윌리엄 페리William James Perry는 이곳에서 진

주나 보석류를 얻기 위한 목적이 있었다는 식의 설명을 해주었다.

스미스는 고대 이집트로부터의 직접적인 문명 전파가 근동 지역, 지중해 및 일부 아프리카 지역으로 일어났고, 그 후 2차적인 문명 전파가 인도, 중국, 동남아시아 및 폴리네시아, 그리고 멀리 아메리카 대륙까지 일어났다고 보았다.[151]

많은 학자들이 비교적 최근까지 아메리카 대륙에서 피라미드 문명이 등장한 시기는 기원전 1000년 전후라고 생각했다. 초문명 전파론이 한때 학계의 주목을 받았던 것도 이런 연대적 판단 때문이었다. 그런데 2001년의 탐사 결과 페루의 카랄 지역에 거대 피라미드를 건설한 상당한 수준의 문명이 5,000여 년 전부터 존재했다는 사실이 드러난 것이다.[152]

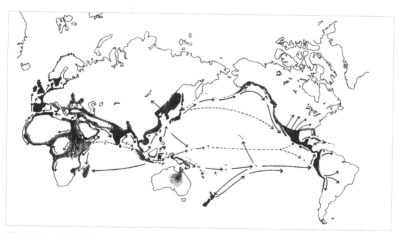

엘리엇 스미스가 생각한 문명 전파 경로.

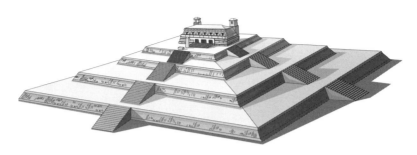

촐룰라 피라미드의 가상 복원도. 성당 등 건축물이 상부에 건축되어 현재 그 원형이 많이 손상되었다.

오늘날 대부분의 관련 학자들은 더 이상 초문명전파설을 지지하지 않는다. 하지만 나는 20세기 초의 인류학자들이 믿었듯이 전 세계 고대문명에서 계단 피라미드 건축양식을 찾아볼 수 있는 것은 초문명전파설이 아직도 검토해볼 충분한 가치가 있음을 시사한다고 생각한다. 물론 엘리엇 스미스 식의 가설은 이제 더 이상 성립할 수 없다. 하지만 최초의 모체문명을 바꾸고 그 시기를 훨씬 오래 전으로 끌어올리면 그럴듯한 가설 정립이 가능하다고 본다. 이를 위해서 아메리카 대륙의 피라미드 문명들에 대한 신중한 검토가 필요하다.

| 올멕에서 아스텍까지 중남미문명사 |

언제부터 중남미에 계단 피라미드들이 건설되었는지는 아직도 논란

톨텍의 피라미드.

이 되고 있다. 오늘날 주류 학계에서는 지역적으로 발전했던 문명들
과 연계해서 그 건설 시기를 추정한다.

중남미 고대문명 중에서 아스텍문명이 비교적 최근인 15세기 전후
에 피라미드를 건축한 것으로 알려졌다. 이들은 테노치티틀란(멕시코
시티), 틀라틸코, 촐룰라 등지에 계단형 피라미드를 건축했다고 한다.

이들보다 조금 이른 시기인 서기 1000년 전후에 톨텍문명이 피라
미드를 건축한 것으로 추정된다. 아스텍인들은 그들이 톨텍문명의 계
승자라고 자부했는데, 톨텍인들은 툴라를 중심으로 계단 피라미드를
건축했다는 것이다. 톨텍인들의 피라미드 특징은 피라미드 상부에 거

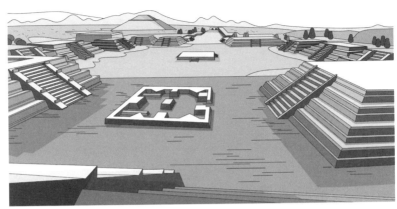

테오티우아칸 피라미드군의 모습.

석상들을 세웠다는 점이다.

　그보다 더 이른 시기에 벨리즈, 살바도르, 구아테말라 등지에 도시를 건설하기 시작한 마야문명에서는 기원전 600~700년까지 거슬러 올라가서 피라미드 건축이 이루어졌던 것으로 알려졌다.[153]

　테오티우아칸문명이 마야문명보다 앞섰는지 후에 성립되었는지에 대해서는 아직 논란이 되고 있다. 하지만 주류 고고학자들은 기원전 100년경에 테오티우아칸문명이 성립되었다고 본다. 멕시코 테오티우아칸의 거대한 종교 도시에 태양, 달, 퀘찰코아틀 신 등에게 바쳐진 거대한 피라미드군이 건축되었다.

　주류 학계에서는 중남미에서 가장 이른 시기에 피라미드를 건축한 문명으로 라벤타를 중심으로 한 올멕문명을 꼽는데, 기원전 1000년 이전인 것은 확실하나 이들 문명이 정확히 언제부터 피라미드를 건축하기 시작했는지에 대해서는 아직도 불분명하다.

중남미 문명들이 대부분 계단형 피라미드를 건축했다는 측면에서 볼 때 이들 문명들은 어떤 형태로든 상호 영향을 끼쳤을 것이라는 추정이 가능하다. 특히 테오티우아칸문명이 메조아메리카 전역에 걸쳐 영향을 미쳤음을 여러 문헌을 통해 확인할 수 있다.[154]

그렇다면 가장 초기의 메조아메리카 문명이라는 올멕문명은 어디로부터 영향을 받은 것일까? 문명 전파론자들 중에서 올멕문명이 기원전 2000년경 중국의 상나라[155]로부터 영향을 받았다고 주장하는 이가 있다.[156] 정말 그랬을까?

| 카랄문명, 역사를 다시 쓰게 만들다 |

남미 고대문명 유적하면 마추픽추, 삭사이후아만, 올란타이탐보에 존재하는 거석 축조물들이 먼저 떠오른다. 이런 것들 말고 남미에도 계단형 피라미드가 건축되었을까? 대부분의 독자들은 마야나 아스텍문명의 메조아메리카 피라미드들은 그 모습을 비교적 쉽게 머릿속에 떠올리겠지만 잉카 피라미드가 존재했는지에 대해서는 아리송해할 것이다. 사실 잉카문명 시대 건축물 중에는 피라미드 형태가 거의 없다.

아메리카 고대문명의 계단 피라미드들은 주로 중남미에 산재해 있는 것이 사실이다.[157] 그렇다고 남미에서 계단 피라미드들이 건축되지 않은 것은 아니다. 선先잉카 시대 유적지들 중 다수가 계단 피라미드들을 중심으로 건축되었다. 그렇다면 왜 선잉카 시대로부터 잉카 시대로 피라미드 축조술이 제대로 전달되지 않았으며, 우리 뇌리 속에 바로 떠오르는 대표적인 남미 피라미드 또한 없는 것일까?

그 이유는 대부분의 피라미드들이 상당히 오래 전에 크게 훼손되었거나 땅속에 묻혀 제대로 그 원형이 파악되지 않았기 때문이다. 최근 고고학자들의 노력에 의해 복원된 모습을 살펴보면, 선잉카 시대에 건축된 피라미드들도 계단 피라미드임을 확인할 수 있다. 한때 중남미와 상당히 긴밀한 교류가 있었음을 의미한다. 그렇다면 피라미드 건설 전통은 어느 쪽에서 먼저 시작된 것일까? 선잉카 시대의 피라미드들의 원형이 많이 훼손된 이유는 대부분 내구성이 약한 아도비 점토 벽돌로 만들어졌고, 산간지대에 건축되어 자연재해에 많이 노출되어 유실된 측면도 있으나 중남미의 피라미드들보다 더 오래 전에 건축된 이유도 있다.

페루 남쪽에서 번영했던 나스카 문화는 서기 1세기경 진흙 벽돌을 쌓아서 계단 피라미드들을 만들었다고 알려졌다. 그들 유적은 카후아치에 밀집되어 있는데 총 6개의 계단 피라미드가 건설되었다. 이들 중 가장 높은 것은 20∼30미터 정도로 추정된다.[158]

선잉카 시대에 건축된 것으로 추정되는 계단 피라미드들이 페루 곳곳에서 발견되었는데, 그 대표적인 곳은 후알라마라카, 파차카막, 투쿠메 등이다.[159]

남미에서 계단 피라미드 건축의 역사는 기원전 2900년에서 2000년 사이에 시작된 것으로 추정된다.[160] 아메리카 대륙을 통틀어 주류 학계에서 인정하는 가장 오래된 도시로 꼽히는 페루의 카랄에는 계단 피라미드들이 건축되어 있는데, 상당 부분 폐허화되어 있지만 명백히 계단 피라미드임을 알 수 있다.[161]

카랄 피미라미드군의 발견 및 연대 측정은 지금까지의 역사 교과서를 다시 쓰게 만들었다. 구대륙의 4대 문명과 거의 동시대에 문명 발전이 있었다는 사실이 드러나 관련 연구자들이 경악을 금치 못하게 했다. 그 전까지 문명 전파론자들은 물론이거니와 전 세계적으로 독자적인 문명들이 발생했다고 보는 주류 학계에서도 신대륙 문명의 맹아가 구대륙보다 1,000년 이상 늦게 싹텄다는 것이 정설이었다. 어떻게 신대륙에서 이렇게 일찌감치 문명이 성립했던 것일까? 카랄문명의 등장은 지금까지 상식적으로 받아들이던 남미문명에 대해 모든 것들을 원점에서 다시 생각해봐야 한다는 주장에 힘을 실어주게 되었다.

문명 전파론의 입장에서 보면 지금까지 구대륙의 4대 문명 위주로 구상해왔던 문명 전파 모델을 완전히 새로 짜야 하는 과제를 던져주었다. 기존의 문명 전파론들은 지금까지 주류 학계의 외면을 받아왔

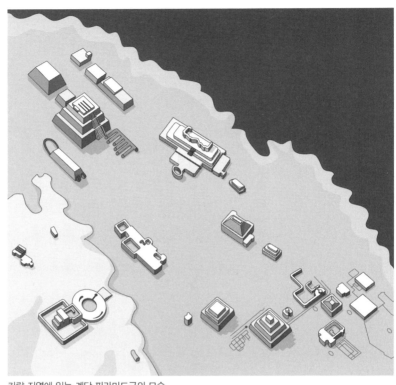

카랄 지역에 있는 계단 피라미드군의 모습.

다. 그런 이론들이 문명에 대한 우리의 상식선에서 받아들일 수 없는 몇 가지 요소들을 포함하고 있기 때문이다. 카랄문명의 등장은 기존 문명 전파론들을 대체하는 새로운 이론 정립에 청신호를 켜준다고 나는 생각한다. 이를 교두보로 삼아 보다 완벽한 문명 전파론을 다시 부활시킬 수 있을 것으로 기대한다.

카랄문명은 남미에 그 문명보다 더 오래된 문명이 존재할 가능성을 활짝 열어주었다는 측면에서 아주 획기적인 교두보인 셈이다. 남미의 안데스 지역의 유적 중에는 여러 지층에 덮인 상태로 존재하며 최근 위성을 통한 적외선 탐지 방법으로 그 위치가 확인된 것들이 있다. 이들 유적들의 발굴이 진행됨에 따라 남미 고대문명의 성립 연대가 훨씬 더 과거로 거슬러 올라갈 여지가 충분히 있다는 것이다.

그리고 일찍이 천문고고학적 방법으로 매우 오래된 문명이 안데스 산지에 존재했다는 주장이 제기되었다는 사실을 여기서 상기할 필요가 있다. 일반적으로 거석 건축물이나 석상들의 연대 추정은 불가능하다. 이런 측면에서 천문고고학적 접근은 매우 중요한 과학적 수단이다.

| 티와나쿠 신전의 쌍계단 |

아주 독특한 형태의 계단 피라미드가 안데스 산지의 알티플라노고원[162] 티티카카호湖 근처 티와나쿠Tiwanaku 유적에 존재한다. 아카파나Akapana라고 이름 붙은 이 피라미드는 현재는 원형을 알아보기 힘들 정도로 폐허화되어 있지만, 원래 높이 15미터에 가장 긴 변이 거의 210미터 정도 되었으며, 동서남북 방위 정렬이 되어 있는 모습이었

다. 그 형태는 계단 피라미드이다. 그런데 지금까지 소개한 계단 피라미드들과 뚜렷이 구분되는 특징이 있다. 이 피라미드는 위나 옆 어느 방향에서 보아도 항상 쌍계단 모습으로 보이도록 설계되었다. 즉, 완벽한 쌍계단 이미지를 구현한 것이다. 고대 이집트와 메소포타미아에서 쌍계단은 태고의 산이나 언덕을 상징한다고 했다.

실제로 티와나쿠에서 찾아볼 수 있는 가장 대표적인 표의적 기호 ideographic sign 는 바로 쌍계단 기호다. 이런 기호는 태양 신전인 칼라사사야, 태양의 문, 푸마푼쿠 등 티와나쿠 유적 도처에서 찾아볼 수 있다. 티와나쿠 유적 연구에 50년을 바친 독일계 볼리비아 고고학자 아르투르 포스난스키Artur Posnansky 는 이런 쌍계단 기호를 남미 전역에서 찾아볼 수 있기에 오늘날 서구에서 흔히 볼 수 있는 십자가의 남미판이라고 말한다. 특히 아카파나 피라미드는 평면도와 단면도에 모두 이 기호를 구현한 대표작이라고 지적하면서 그는 이것이 지구의 표면을 나타내는 산맥이나 산, 언덕, 단 등이 물에 잠겨 있거나 섬, 또는 지하를 표현하는 상징으로 사용됐다고 말한다.[163] 이는 고대 메소포타미아나 이집트에서 심연의 물에서 솟아오른 태고의 신성한 산, 언덕 또는 섬과 정확히 일치하는 상징체계다.

티와나쿠 유적은 주류 고고학계에 의하면 서기 300년경에 건설된 것이다. 하지만 포스난스키는 티와나쿠 태양 신전이 천문고고학적으로 볼 때 기원전 15000년에 건설되었다고 주장한 바 있으며,[164] 포츠

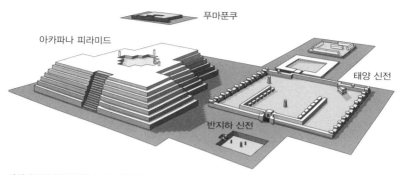

푸마푼쿠

아카파나 피라미드

태양 신전

반지하 신전

티와나쿠의 계단 피라미드와 태양 신전 조감도.

담천문대의 대장이었던 한스 루덴도프Hans Ludendorff는 1930년 3년간
의 조사 끝에 그 신전이 기원전 9300년에 건설되었다고 주장했다.[165]
그레이엄 핸콕이 쓴《신의 지문》에 의해 티와나쿠 유적의 건설 연대
에 대한 관심이 폭증하자 1997년 미국의 고고천문학자 닐 스티데Niel
Steede는 인공위성 독법에 기초해 티와나쿠 태양 신전의 건립 시기를
기원전 10000년경으로 추정했다. 또 같은 해 볼리비아 국립고고학연
구소 소장을 역임한 오스왈도 리베라Oswaldo Rivera 역시 일몰을 관측하
는 방법으로 그 태양 신전이 기원전 10000년경에 건설되었을 가능성
을 제기했다.[166] 지금까지 언급했던 천문고고학자들의 주장을 받아들
인다면, 구대륙과 신대륙의 계단 피라미드 전통이 매우 유사한 모티
브를 공유하면서도 인류학적, 언어학적, 고고학적인 연결 고리를 찾
기 힘들었던 이유가 명쾌하게 설명된다. 구대륙과 신대륙 사이의 계

단 피라미드 건축 양식의 전파가 일, 이천 년 전이 아니라 무려 1만여 년도 넘는 먼 과거에 이루어졌기 때문이었던 것이다!

포스난스키와 다른 천문고고학자들이 사용한 태양 신전의 연대 측정법은 영국의 천문학자 노먼 로키어 경Normal Lockyer이 개발한 것으로 앞에서 소개한 4만 여 년 주기의 지축 기울기 변화를 기초로 하고 있다. 장주기의 지축 기울기 변화는 북회귀선의 변화도 초래하지만 어느 지역에서 하짓날 태양이 떠오르는 방향도 변하게 한다. 로키어 경은 고대 이집트의 태양 신전들이 대체로 하짓날이나 동짓날 태양이 뜨거나 지는 방향으로 정렬되어 있다는 사실을 발견했는데, 그 건축 시기에 따라서 각도가 조금씩 다르다는 사실을 깨달았다. 결국 그는 이런 차이가 시대에 따른 지축 기울기 변화를 반영하고 있다는 결론에 도달했다.[167] 포스난스키와 다른 천문고고학자들도 이런 방법론을 동원해서 티와나쿠의 태양 신전 연대를 추정했고, 그 결과 1만 년이 넘는 오래 전에 건축이 이루어졌다는 결론에 도달한 것이다.

포스난스키 등의 결론은 주류 학문에서뿐 아니라 비주류 학문인 문명 전파론에서도 커다란 문제를 제기한다. 도대체 이처럼 오래 전에 문명이 남미에 존재했다면 구대륙 문명과의 관계를 어떻게 설명할 수 있는가?

7.

태평양을 횡단한 바다의 정복자들

문학평론가이자 역사 여행가로 널리 알려졌던 권삼윤씨는 2001년 〈신동아〉 12월호에 자신의 남미 안데스 여행기 "안데스의 축복, 티티카카湖에서 영혼을 씻다"를 기고했다. 그는 페루의 고대 유적지인 쿠스코와 마추픽추를 여행한 후 페루 쪽에서 티티카카호안을 따라 버스를 타고 볼리비아 쪽으로 넘어가 티와나쿠 유적을 방문했다. 여기서 그는 태양 신전인 칼라사사야 내부에 서 있는 거대한 석상들 중에서 남서쪽에 서 있는 것을 보고 깜짝 놀랐다. '제주 돌하르방'을 너무나도 빼어 닮았던 것이다.[168] 그 석조상은 아라미야 원주민 말로 수도사라는 뜻을 의미하는 '엘 프레일레El Fraile'였다.

상식적으로 판단하건데 이런 유사성은 단지 우연처럼 보인다. 왜냐하면 제주도와 티와나쿠는 바다로 격리된 아시아와 남미라는 다른 대륙에 속해 있으며, 서로 거의 대척점인 위치에 있어 직선거리가 무려

2만 킬로미터에 달하기 때문이다. 그것도 육로가 아닌 해로로! 만일 이 유사성이 어떤 문화적 전파에 의한 것이라면 누군가 해로로 2만 킬로미터 떨어진 두 지역을 방문했음을 암시한다. 하지만 우리의 역사에 대한 상식으로 볼 때 이런 일은 일어날 수 없다.

| 돌하르방, 모아이 석상, 엘 프레일레 |

돌하르방이 어떤 연유로 언제부터 만들어졌는지에 대한 확실한 기록은 없다. 그 유래에 대해서는 일반적으로 '제주도 자생설', '몽골 기원설', '인도네시아 기원설' 등이 거론되고 있다.

히브리대학 교수였던 조철수씨는 2000년 10월호 〈신동아〉에 기고한 글 "메소포타미아 신화는 남방해상로를 거쳐 전해졌다"에서 인도네시아 발리섬의 석상이 제주 돌하르방과 매우 비슷하다는 주장을 했다.[169]

이런 주장을 구체적으로 정리한 이는 한양대학교 명예교수인 고고학자 김병모씨다. 그는 《김병모의 고고학 여행》에서 돌하르방이나 우리나라 장승이 남방적인 색채가 농후하다고 지적하면서 동남아시아, 특히 인도네시아 발리섬의 베사키 사원 석상에서 그 기원을 찾는다. 그는 여기서 그치지 않고 이스터섬의 모아이 석상과 더 나아가 남미 고대문명의 석상들과의 연관성까지 파헤친다. 결론적으로 그는 제주도 돌하르방은 적도 해류와 쿠르시오 해류에 의해 환태평양에서 동지나해로 연결되는 해양 문화가 한국에 전파된 것이라고 추정하고 있다.[170] 그의 주장을 도식적으로 표현하면 다음과 같다.

페루 잉카문명→이스터섬 모아이 석상→인도네시아 발리섬 베사키 사원 석상→필리핀→제주도 돌하르방

김교수의 문명 전파론은 토르 헤위에르달Thor Heyerdahl의 이론에 근거한다. 헤위에르달은 서기 500년경에 신석기인들이 페루에서 폴리네시아로 이주해왔으며, 이들이 이스터섬과 핏케언군도, 마르케사스군도 등에 잉카풍의 석상 유적을 만들어놓았다고 주장했다. 특히 이스터섬의 유적들이 티와나쿠 유적과 매우 유사함을 강조한다. 또한 타히티와 사모아의 계단 피라미드 역시 잉카풍으로 이들의 유적이라고 했다.[171] 실제로 이스터섬의 모아이들 중에는 제주 돌하르방처럼 두 손으로 배를 감싸고 있는 것들이 있어 헤위에르달의 문명 전파 이론은 매우 그럴듯해 보인다.

주류 학자들은 폴리네시아인들은 동남아시아에서 왔으며 언어학적으로나 유전학적으로도 동남아시아인들에 가깝다는 사실을 내세우며 헤위에르달의 주장을 일축했다. 하지만 최근 유전학적 연구에

왼쪽 위부터 제주도 돌하르방, 인도네시아 발리 섬 베사키 사원의 석상들(사진 제공 김병모 한양대학교 명예교수), 땅속 깊이 묻혀 있다가 최근 출토된 모아이, 그리고 티와나쿠의 엘 프레일레.

의하면 이스터섬의 원주민에 폴리네시아인들과 남미인들 모두의 특성이 존재함이 밝혀졌다.[172]

실제로 티와나쿠와 인도네시아에 어떤 문명의 끈이 이어져 있음을 가리키는 정황들이 있다. 포스난스키는 티와나쿠의 엘 프레일레 입석 조각상이 쥐고 있는 것이 인도네시아 특유의 날이 구불구불한 단검 크리스와 흡사하다고 지적한 바 있다.[173] 석상들의 개괄적 모습의 유사성에 더해 이런 구체적인 유사성까지 존재한다는 것은 정말로 어떤 연관성이 존재함을 강력히 시사한다. 그렇다면 이런 유사성을 어떤 방법으로 설명해낼 수 있을까?

| 해빙기 이전의 이스터섬 채석장 |

남미 대륙에서 3,800킬로미터, 가장 가까운 핏케언섬에서도 2,600킬로미터나 떨어져 있는 남태평양상의 절해고도 이스터섬. 주변 문명과 완전히 절연된 채 외롭게 떠 있는 이 섬에는 '모아이Moai'라고 불리는 불가사의한 석상들이 존재한다.

모아이 상은 높이 3~10미터, 무게 3~10톤으로 된 거대한 석상으로 120평방킬로미터에 불과한 작은 이스터섬에 1,000개 이상 존재한다. 그렇다면 이런 석상들은 도대체 누가 만든 것일까?

주류 학계에서는 기원후 450년경에 폴리네시아에서 건너온 사람들이 이런 석상 제작을 시작했다고 본다. 그런데 보스턴대학의 로버트 쇼크 교수는 일부 모아이들은 표면이 풍화된 정도가 심하여 상대적으로 나머지 모아이들보다 훨씬 오래되었을 것으로 추정한다.

그가 이런 생각을 하는 또 다른 이유는 이런 모아이들 거의 대부분이 똑바로 선 채 땅속 깊숙이 박혀 있는데 이는 자연적으로 서서히 일어나는 퇴적의 결과처럼 보이기 때문이다. 어림 계산에도 이런 퇴적은 최소한 수천 년은 걸린다는 것이 그의 결론이다. 그렇다면 정확히 언제 그것들이 최초로 만들어졌을지 알 수 있는 방법은 없을까? 쇼크 교수는 몇몇 현무암을 조각해 만든 모아이들로부터 그 단서를 찾는다. 그가 조사한 바에 따르면 대부분의 모아이들은 가공이 비교적 용이한 모스 경도 3~5의 응회암을 조각한 것으로 현존하는 이스터섬의 채석장에서 쉽게 캐어낼 수 있는 반면, 현무암 채석은 불가능하다는 것이다. 현무암은 화성암 중에서도 상당히 깊숙한 곳에서 용암이 응고하여 만들어지는 모스 경도 7~8인 심성암深成巖이므로 그의 결론에 의하면 해수면 아래에 채석장이 존재해야 한다. 이런 가정을 하면 문제는 심각해진다. 그 채석장은 해빙기 이전에 존재했어야 하기 때문이다. 그 시기는 1만 년 전으로 거슬러 올라간다.[174]

앞에서 우리는 티와나쿠 유적 또한 천문고고학적으로 볼 때 그 건설 시기가 1만여 년 전으로 거슬러 올라간다는 사실을 접한 바 있다.

현무암을 조각해서 만든 이스터섬의 모아이 석상.

따라서 쇼크가 제기한 가설이 옳다면, 기원후 500여 년경에 남미에서 태평양을 지나 구대륙으로 석상 제작 기술이 전파되었다는 토르 헤위에르달식 가설은 폐기되어야 마땅하다.

여기서 우리는 1만 여 년 전이라는 시기에 주목할 필요가 있다. 이 시기에 전 세계적인 문명 전파는 순다랜드를 중심으로 이루어졌기 때문이다. 그렇다면 그 당시 순다랜드에서 이스터섬, 그리고 멀리 남미 안데스까지 문명 전파가 이루어졌던 것이 아닐까?

| 돌하르방의 순다랜드 기원설 |

지금까지 비교적 최근에 만들어졌을 것으로 여겨졌던 석조상들이나 이와 관련된 유적들이 대체로 1만 년 전에 만들어졌을 것으로 추정되는 여러 가지 증거들이 나오면서 토르 헤위에르달식의 문명 전파론은 그 시기를 1만 년 전으로 끌어올려서 다시 생각해봐야 할 상황에 놓였다. 그리고 이런 새로운 문명 전파론의 중심에는 당시 존재했을 순다랜드의 초고대문명 또는 모체문명을 놓아야 할 것이다. 이미 고대 이집트나 메소포타미아문명이 순다랜드의 모체문명에 크게 영향받아 성립되었을 가능성을 살펴보았다. 중국문명도 순다랜드로부터의 강력한 영향을 받았을 수 있음을 계단형 피라미드군의 존재로부터 알 수 있다.

마지막으로 제주 돌하르방의 기원에 대해서 정리해보자. 조철수 교수가 지적했듯이 돌하르방이 인도네시아와 연관이 있다면, 이는 인적 교류가 활발했던 1만 여 년 전으로 거슬러 올라가서 그 연결 고리를 찾을 필요가 있다. 아마도 1만 여 년 전 순다랜드에서 한반도로의 인적 유입이 있었을 때 돌하르방도 함께 유입되었을 것이다.

| 라피타인들, 대양 항해로 태평양을 정복하다 |

오스트레일리아 국립대학의 피터 벨우드Peter Bellwood와 피터 히스콕Peter Hiscock은 이스터섬의 여러 유적들이 선잉카문명과 관련 있다고 믿고 있다. 하지만 헤위에르달과는 달리 그런 유사성이 페루에서 이스터섬으로의 전파에 의한 것이 아니라 정반대의 경로를 통해서 발생했을 가능성에 비중을 두고 있다.[175] 그들이 거론하는 문명 전파 내용은 충격적이다. 티와나쿠 유적을 비롯한 선잉카 시대의 거석 정밀 축조 등 놀라운 기술이 폴리네시아인들에 의해 전해진 것이라는 얘기다. 그런데 티와나쿠 유적이 1만 여 년 전에 건설되었고 이스터섬의 모아이도 그 정도 오래 전부터 제작되었다면, 폴리네시아인들도 오래 전에 태평양에서 활동했어야 하는데 주류 학계에서 이런 주장은 말도 안 되는 소리다. 폴리네시아인들이 태평양 중심까지 진출한 것은 고작해야 서기 500년경이기 때문이다. 하지만 그 훨씬 이전에 폴리네시아인들의 선조가 대양 항해를 통해 태평양을 정복했을 가능성이 있다.

폴리네시아인들이 어디서 기원했는지에 대하여 관련 학계에서는 지난 200년간 논쟁을 거듭해왔다. 불과 10여 년 전의 주류 학설은 남중국과 타이완에서 초기 농업을 하던 종족들이 기원전 4000년경 동남아시아로 밀고 내려와 태평양으로 진출했다는 것이었다. 하지만 최근 유전학적 조사 결과에 의하면, 폴리네시아인들이 남중국이나 타이완인들의 후손이 아니라 인도네시아 동부의 월리스 라인Wallace line 과 뉴기니섬 사이의 섬들에 살던 종족의 후손이라는 것이다. 이들은 인류학자들에 의해 라피타인이라 불리며 2만 년 전부터 동남아시아에서 흑요석 등의 해상무역을 주도했다고 알려져 있다.[176] 그들은 항해사航海史에서 가장 최초로 대양 항해를 한 민족으로 자리 매김되어야 마땅하다. 인도네시아 동부와 뉴기니섬 사이의 섬들은 순다랜드의 극동부에 해당한다. 앙리 프랭크포르가 수메르인들로 지목했던 바로 그 인종들이다.

벨우드나 히스콕 교수의 주장처럼 남미의 고대 안데스문명이 폴리네시아로부터 영향을 받았다면, 그 시기는 분명 역사시대는 아니었을 것이다. 비록 그들이 역사시대에도 놀라운 해양술로 망망대해를 종횡무진했다는 사실은 인정이 되지만 그 이외에 그들이 축조술이나 석재 가공술이 뛰어났었다는 증거가 없기 때문이다. 하지만 선사시대로 거슬러 올라가 순다랜드 극동부에서 활동했던 그들의 조상들은 훨씬 뛰어난 수준의 문명을 향유했을 것으로 판단된다. 결국 남미 선잉카문명의 기원을 이들에게서 찾아야 하지 않을까?

쇼크 박사의 발견 내용과 접목시켜보면 1만여 년 전 순다랜드의 극동 지역에 살던 이들에 의해 초기의 단단한 돌을 가공해 만든 이스터섬 모아이들이 탄생했을 가능성이 있다. 실제로 인도네시아에서 이스터섬 모아이와 비슷한 형태의 거대 석상들이 발견되었다.

인도네시아 술라웨시군도의 셀레베스섬 바다계곡에서 발견된 석상. Photo © Dominic C for www. azimuth-travel.com—All Rights Reserved.

앞에서 인도네시아 발리섬의 베사키 사원 석상이 제주 돌하르방, 이스터섬의 모아이를 닮았다고 지적했었다. 그런데 이 돌 조각상들은 무른 석재를 조각했으며 크기가 작고 모양도 조악했다. 그런데 이보다 훨씬 크고 단단한 돌을 다듬어서 세련된 예술적 감각이 느껴지도록 조각한 석조상들 14개가 인도네시아 술라웨시군도의 셀레베스섬 바다계곡Bada valley에서 발견되었다. 이 중 제일 큰 것은 높이가 4미터나 된다. 그런데 이 석상들도 모아이처럼 두 손을 배에 가지런히 모으고 있다.[177]

바다계곡의 거석상들은 얼마나 오래되었을까? 현재 기술로는 그 정확한 제작 연대를 알 수 없다. 고고학자들은 아무리 오래되었어도 기원전 3000년 정도일 것으로 그 제작 연대를 추정한다.[178] 하지만 나는 그것들이 이보다 수천 년 전 순다랜드인들이 그곳에 살고 있던 시절에 만들어졌다고 생각한다.

그렇다면 순다랜드로부터의 이주에 의한 남미 티와나쿠문명 성립은 가능하지 않았을까? 티와나쿠의 엘 프레일레 입석 조각상이 쥐고 있는 것이 인도네시아 특유의 날이 구불구불한 단검 크리스와 흡사하다는 포스난스키의 지적은 그랬을 충분한 가능성을 가리키고 있다.

| 순다랜드인들은 어떻게 남미까지 갔을까? |

교과서에는 1만 2,000여 년 전 아시아의 시베리아로부터 뭍이 드러난 베링해협을 걸어서 아메리카 땅으로 간 이주민들이 있었으며, 이들이 오늘날 아메리카 원주민들의 조상이라고 되어 있다. 유전자 조사 분석에 의하면 이는 옳은 얘기다. 하지만 최근 언어학적, 유전학적, 그리고 고고학적 연구 결과, 비록 현재의 아메리카 원주민들과의 유전적 연관성은 적긴 하지만 이런 이주가 있기 훨씬 전부터 유라시아 대륙으로부터 다양한 형태의 이주가 있었음이 드러나고 있다.[179] 그런데 이런 이주자들은 육로가 아닌 해로를 이용했다고 한다. 무려 4만 년 전부터 배를 타고 연안뿐 아니라 대양 항해까지 해서 아메리카 대륙에 도달했다는 것이다.[180] 그렇다면 도대체 그들은 어디에서 출발했을까? 한 언어학적 분석에 의하면 남아시아, 동남아시아, 또는 동아시아에 거주하던 민족들이 3만 5,000년 전부터 남미로 이주해 살고 있었다고 한다.[181] 주로 남미에서 발견되는 유골들을 대상으로 조사한 인류학자들은 초기 아메리카 이주민들이 동아시아, 동남아시아, 남태평양, 또는 오스트레일리아 등지에서 온 것으로 추정한다.[182] 그런데 유전학적 추적에 의하면 남아시아, 동아시아, 남태평양, 그리고 오스트레일리아 원주민들은 초기에 모두 순다랜드에 머무르고 있었다. 따라서 대부분의 아메리카 대륙으로의 초기 이주민들이 순다랜드에서 출발했다고 봐도 무방하다.

순다랜드인들이 아메리카 대륙으로 이주했다는 사실 그 자체는 이제 주류 학계에서도 대체로 인정하는 추세다. 하지만 그 이동 경로에 대해서는 여러 주장이 있다.

현재 가장 유력한 가설은 그들이 배를 타고 아시아 동쪽 해안선을 북상하여 베링해를 지나 다시 아메리카 대륙의 서쪽 해안선을 따라 남하했다는 것이다.[183]

이 가설은 제주 돌하르방이 티와나쿠 석상과 비슷하게 생긴 이유를 설명하는 데 상당한 설득력이 있다. 제주에 정착한 종족이 남미까지 간 종족과 문화적으로 상당히 많은 것들을 공유했을 것이라는 가

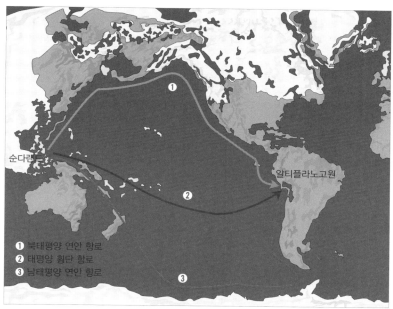

순다랜드

알티플라노고원

① 북태평양 연안 항로
② 태평양 횡단 항로
③ 남태평양 연안 항로

순다랜드인들이 시도했을 것으로 예상되는 세 가지 루트의 아메리카 대륙 항해 항로.

정만으로 충분히 수긍할 수 있기 때문이다.

여기에 맞서는 가설로 순다랜드인들이 오스트레일리아를 거쳐 남미 대륙 연안을 항해해서 갔거나[184] 직접 순다랜드에서 태평양의 섬들을 징검다리 삼아 대양 횡단을 하여 남미로 갔다는 것이다.[185] 이런 가설들은 항해의 난이도가 북미 쪽으로 가는 것보다 높기 때문에 주류 학계에서는 다소 부정적이다. 하지만 이런 가설을 주장하는 학자들은 오스트릭어군 계열의 언어를 주로 북미가 아닌 남미에서 찾아볼 수 있는데, 이는 동남아시아인들이 북미 쪽이 아니라 남미 쪽으로 직접 연결되었음을 시사한다고 지적한다.[186] 폴리네시아와 남미의 유사한 어휘를 예로 들면 다음과 같다. 솔로몬제도에서 '여성'은 '키니kini'인데 파라과이의 구아라니어에서는 '쿠나kuna'이다. 하와이에서 '산'은 '마우나mauna'인데 브라질과 페루의 파누안어에서는 '마나mana'다. 초기 폴리네시아어에서 '언덕'은 '콜로kolo'인데 볼리비아, 페루, 칠레의 아이마라어에서는 '콜류qolyu'이다. 마오리어로 '머리카락'은 '후루huru'인데 콜롬비아의 푸이나베어에서는 '후hu'다. 마오리어로 '태양'은 '라raa'인데 브라질의 카인강어로도 '라ra'다. '고구마'는 마오리어로 '쿠마라kumara'인데 페루에서는 '쿠마르kumar'다.[187] 나도 이런 접촉 가능성을 신중히 검토해봐야 한다는 입장인데, 이스터섬의 거석상들 중 일부가 1만 년 이전에 제작되었다면 그 정도 오래 전에 높은 수준의 문명을 지닌 순다랜드로부터의 대양 항해자가 이스터섬에 도달했음을 시사하기 때문이다.

그 어느 경우가 되었든 이 새로운 문명 전파설은 엘리엇 스미스가 제시했던 문명 전파설과 그 시기와 주체만 달라졌을 뿐 태평양상의 예상 경로들이 거의 일치한다는 점에서 흥미롭다. 그런데 정말로 순다랜드인들이 남미 안데스의 티와나쿠문명을 건설했던 것일까?

8.

갈대의
평원을 찾아서

내가 이집트를 방문했던 1996년은 기자 스핑크스의 조각 연대를 둘러싼 논쟁이 막 불붙었던 때다. 그 논쟁은 아마추어 이집트학 학자 존 앤서니 웨스트John Anthony West로부터 비롯되었다. 그는 프랑스의 수학자이자 신비주의자인 슈발레르 드 뤼비크Schwaller de Lubicz가 스핑크스를 대홍수 이전에 존재했던 초고대문명의 유적이라고 지목하면서 몸통에 남아 있는 침식 흔적에 주목할 것을 촉구하는 글을 읽고 "고대 이집트 유적 관광객이 알아야 할 핵심 사항"이라는 제목의 이집트 관광 가이드북에 이를 소개함으로써 대중적인 관심을 끌었다.

이집트 땅의 초고대문명 존재 여부는 미국 보스턴대학의 지질학자 로버트 쇼크 교수가 가세함으로서 학술적인 논쟁거리로까지 부상하게 되었다. 현장을 방문하여 침식 상태를 자세히 살펴본 쇼크는 웨스트의 주장을 적극 지지하면서 스핑크스가 역사시대 때보다 그곳이 훨씬 강우량이 많았던 시기에 조각되었다고 주장했다.

웨스트는 뤼비크의 주장을 적극 수용하여 스핑크스가 간빙기에 접어들던 기원전 9000년 이전에 제작되었다고 한 반면, 쇼크는 간헐적 폭우가 잦았던 나바티아 우기의 끝 무렵인 기원전 7000~5000년 사이로 그 제작 시기를 늦추었다는 점이 달랐다.[188]

이즈음 로버트 보발Robert Bauval이라는 아마추어 이집트학 학자와 저널리스트 출신 논픽션 작가 그레이엄 핸콕은 정동正東을 바라보도록 조각된 사자상인 기자 스핑크스가 춘분 때 태양이 정동에 위치한 12궁도의 레오Leo 자리에서 떠오르던 시기인 1만 2,000여 년 전에 만들어졌다는 가설을 발표했다.[189]

쇼크 교수의 문제 제기는 별도로 하더라도 보발과 핸콕이 제기한 가설에는 문제가 있다. 나는 고대 이집트에 12궁도가 매우 일찍부터 알려져 있었다고 보지만, 기자 스핑크스를 12궁도와 연결시켜서 그 제작 연대를 추론하는 것은 숙고해봐야 한다는 입장이다.[190] 이 조각물이 도대체 무엇일 상징하는지에 대한 좀 더 깊이 있는 연구가 필요하다는 것이다.

| 스핑크스는 누구인가? |

고대 이집트 왕조 초기에 스핑크스가 어떤 명칭으로 불렸는지에 대해서는 알려진 바 없으나 고대 이집트 신왕조 시절인 기원전 1500년경에 그 이름은 '호르-엠-아켓 Hor-em-akhet '이었다.

여기서 '호르'는 고대 이집트 왕국의 주신 '호루스'를 가리키고 '아켓'은 '빛의 영역'을 나타낸다. 따라서 신왕조시대에 스핑크스는 '빛의 영역의 호루스'로 여겨졌다.[191]

고대 이집트 신화의 주신인 호루스는 보통 새매로 표현되지만 그 기능이나 역할, 환경에 따라서 종종 다른 모습으로 표현될 때가 있다.[192] 따라서 그가 사자 모습으로 표현된 것은 이름에서 알 수 있듯이 그가 '빛의 영역'과 관련되어 있음을 나타내기 위함일 것이다. 그렇다면 아켓, 즉 빛의 영역은 어느 곳을 의미할까?

기자 대피라미드는 '쿠푸의 아켓'이라고 불렸다. 왕족의 공동묘지였던 기자 지역의 종교적 중요성에 비추어 볼 때 아켓, 즉 '빛의 영역'은 고대 이집트에서 매우 신성한 지역을 가리키는 의미로 쓰였던 것이 틀림없다. 실제로 고대 이집트에서 신전이나 왕궁, 왕의 무덤이나 중요한 매장지 같은 것들 모두가 '아켓'으로 불렸다.[193] 고대 이집트 신화 세계에서 도대체 빛의 영역은 어떤 상징성을 가졌으며 어느 곳에 존재했을까?

옆의 그림은 아켓을 나타내는 상형문자로 산처럼 보이는 두 봉우리 사이에 태양이 걸쳐 있는 형상이다. 대부분 이집트학 학자들은 이 상형문자가 지리학적 지평선을 가리킨다고 말하지만[194] 이는 고대 이집트 신화의 상징체계를 제대로 이해하지 못해서 생긴 오해다. 기원전 1000년경에 쓰여진 《켄수모스의 사자의 서Book of the Dead of Khensumose》에 묘사된 바에 의하면 창조 신화 속에서 최초의 때에 태양이 떠오른 곳이 바로 아켓이다.[195] 아켓을 나타내는 상형문자 중 태양 원반 아랫부분은 '봉우리가 둘 있는 신성한 산Sacred Mountain with Two Raised Peaks'인 제우Djew로 알려져 있다. 최초로 태양이 떠오른 '빛의 영역'인 아켓은 이 신성한 산 두 봉우리 사이 골Valley 부분 어딘가에 존재하는 것이다.[196]

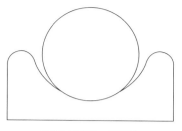
아켓을 나타내는 상형문자.

케임브리지대학의 이집트학 학자 베리 캠프Berry Kemp는 고대 이집트에서 아켓이라고 불렸던 곳들은 모두 그 지역의 빛나고 강력한 곳이라는 식으로 설명한다. 어느 정도 맞는 말이기는 하지만 학자로서 할 수준의 설명은 아니다. 제3장에서 강조했듯 앞에서 열거한 아켓에 해당하는 신성 건축물들은 신들의 세계를 모방하여 재현해낸 것들로 모두 '갈대의 평원'이라 불리는, 심연의 물과 거기서 솟아오른 태고의 섬을 형상화하고 있다. 따라서 신성한 산의 골짜기에는 심연의 물이 있으며 여기에 신성한 섬이 있다고 보면 되겠다.

중요한 사실은 왕조시대의 고대 이집트인들이 제의와 주술을 통해 이런 상징성을 띤 건축물들을 신들의 세계와 동일화함으로써 실제로 신화 속의 '빛의 영역'을 현실 세계에서 구현해낼 수 있다고 믿었다는 사실이다. 신성 건축물들을 그들이 아켓이라고 부른 진짜 이유다. 그렇다면 도대체 아켓은 어떤 곳이었을까?

| 갈대의 평원을 구현한 오시리스의 장제전 |

앞에서 고대 이집트의 사원이나 궁전, 왕의 묘지 등이 아켓이라 불렸다고 했다. 그런데 그중에서도 아켓의 가장 두드러진 상징물은 오시리스의 장제전非祭展이었다.

고대 이집트의 왕조시대에 오시리스와 관련된 제례 의식은 아비도스 같은 나일강 서쪽의 네크로폴리스(사자死者의 도시, 묘지)에 건축된 오시리스의 장제전들에서 이루어졌다. 나일강 동쪽에서 출발한 죽은 파라오의 미라를 실은 태양 배를 서쪽 땅으로 이동시킨 후 장제전까지 들고 갔다.

장제전 내부는 열주들의 공간과 그 안쪽의 높고 좁은 공간인 지성

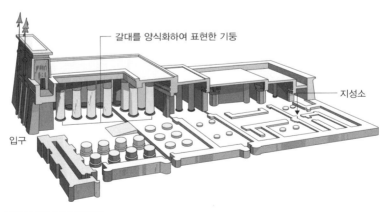

고대 이집트 신전의 얼개도.

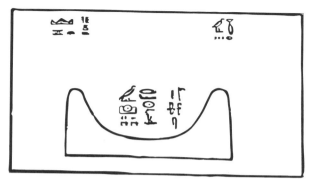

〈누의 파피루스〉에 묘사된 갈대의 평원 모습.

소(至聖所, Holy of the Holies)로 구분되었다.[197] 본격적인 장례 의식은 태양의 배가 열주 사이를 통과해 항해하여 지성소에 상륙하면서 이루어졌다. 이곳에서 죽은 파라오의 시신은 주술을 통해 오시리스와 동일화되었다.

고대 이집트 신전은 태양이 최초로 떠오른 '태고의 언덕'을 상징했으며, 특히 지성소는 그중에서도 가장 핵심적인 장소였다.[198] 따라서 신전 내부는 갈대가 우거진 호수와 태고의 언덕인 신성한 섬을 표현한 것이다. 실제로 고대 이집트 장묘 문서들을 살펴보면 아켓에 살고 있는 사람들의 땅이 '갈대의 평원'이라고 설명하고 있다. 그런데 갈대의 평원은 문자 그대로 평원이 아니라 호수 늪지의 갈대밭이다.[199] 그렇다면 이 갈대가 무성하게 자라는 호수는 어디에 위치하는 것일까? 이 호수가 아켓에 위치한다면 그곳은 봉우리가 둘인 신성한 산의 골짜기일 것이다. 대영박물관에 보관된 〈누의 파피루스Papyrus of Nu〉라는 장묘 문서에 등장하는 앞의 그림은 갈대의 평원을 나타내는 것으로 실제로 갈대의 평원이 두 봉우리 사이의 영역임을 보여준다.[200]

그런데 앞에서도 언급했듯이 갈대의 평원은 오시리스와 깊이 관련되어 있으며 이곳에서 오시리스는 '이중 사자신Double Lion God'이라고 자신을 호칭한다.[201] 도대체 이중 사자신이 무엇을 의미하는 것일까?

9.

신화 속의 쿠르는 어디를 가리키는가?

1901년 영국의 대표적인 이집트학 학자 플린더스 피트리Flinders Petrie
가 아비도스의 제1왕조 왕의 고분에서 그림들이 새겨진 까만 상아판
을 발견했다. 처음 그는 그것이 이집트 초기의 상형문자일 것으로 추
정하고 해석을 하려 했는데 몇몇을 빼고는 대부분 후세에 사용된 상
형문자와 어떤 연관성을 찾기 어려웠기에 중도에 포기했다.[202]

| 고대 이집트 유물에 새겨진 선수메르 문자 |

그 후 다른 이집트학 학자들이 이 상아판을 해독하려는 시도조차 하
지 않았지만 로렌스 와델Laurence A. Waddell(1854~1938)은 예외였다. 영
국의 탐험가, 언어학자, 화학자, 병리학자로 다방면의 지식을 동원해

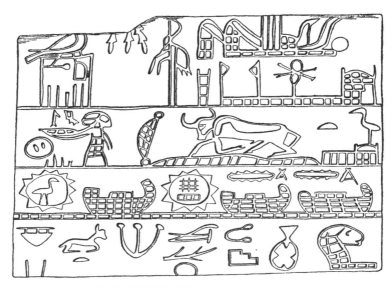

아비도스의 제1왕조 왕의 고분에서 발견된 상아판.

고고학적 문제들을 해결하려 했다는 측면에서 할리우드 영화에 등장하는 인디애나 존스의 실제 모델이라고 할 수 있는 그는, 피트리가 해독을 포기한 그림들이 수메르 초기 문자의 필기체와 닮았다는 사실에 주목하여 나름대로의 해석을 시도했다. 와델의 해석은 다음과 같다. "고대 이집트 첫 번째 왕인 메네스Menes가 선단을 이끌고 '해가 지는 땅의 끝the end of Sunset Land'까지 항해했으며 서쪽 나라들의 점검을 마쳤다. 그곳은 '사자산Lion Mountain'으로 거기에 왕국이 건설되어 있다. 그는 그곳에서 비운을 겪는데 '산 정상에 있는 호수the Lake of the Peak'에서 말벌에 쏘였다."[203]

나는 《오시리스의 죽음과 부활》에서 메네스가 오시리스의 다른 이름이라는 사실을 지적한 바 있다.[204] 따라서 이 내용은 오시리스 신화에 관한 것이다. 고대 그리스 역사가들이 채록한 신화에서도 오시리스가 세계를 경도하면서 문명을 전파했다고 되어 있으니 일맥상통한다. 또 그는 아우 세트Seth에 의해 죽임을 당하는데 신화 속에서 세트는 온갖 해악한 동물이나 곤충으로 표현된다. 그런데 여기서 도대체 해가 지는 땅 끝에 있는 '사자산'은 어디를 가리키는 것일까?

| 아커, 두 개의 머리가 달린 사자신 |

아켓은 뒤의 그림처럼 종종 서로 반대 방향을 바라보고 있는 두 마리의 사자가 수호하고 있는 것으로 표시된다. 이 두 마리 사자는 아커Aker라 불리며, 각각 세상의 동쪽과 서쪽 땅 끝에 있음을 상징한다.[205] 메네스(오시리스)가 해가 지는 땅 끝까지 가서 도달했다는 '사자산'이 바로 아켓이 위치한 신성한 산임을 알 수 있다. 그렇다면 갈대의 평원은 그가 공격을 당했다는 산 정상에 있는 호수의 갈대밭을 가리킨다고 볼 수 있다.

아커는 반대 방향을 바라보고 있는 두 마리 사자로도 표현되지만 보다 보편적인 표현은 몸통을 공유한 서로 반대 방향을 바라보는 두

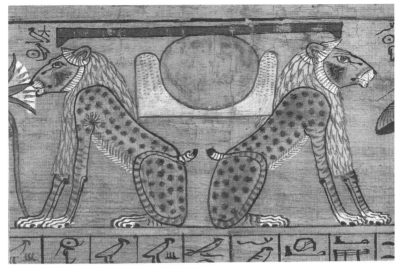
서로 반대 방향을 바라보는 사자들로 표현된 아커 신.

개의 머리가 달린 사자다.[206] 오시리스가 갈대의 평원에서 자신을 '이
중 사자신'이라고 부르는 이유가 여기에 있다.

　아커는 스핑크스 둘을 붙여놓은 형상이다. 그런데 한 이집트 신
화 사전은 이 신의 상징을 '하계의 동쪽과 서쪽 지평선의 연결 부
분junction of the eastern and western horizons in the underworld'이라고 설명해놓았다.[207]
하계는 태양이 서쪽 지평선 아래로 넘어가서 동쪽 지평선 위로 나타
나기 전까지 운행하는 영역이다. 따라서 앞의 설명은 이해하기가 어
렵다. 동쪽 지평선과 서쪽 지평선이 연결된다니? 이런 혼란은 아켓
을 지평선으로 해석했기 때문에 발생한 것이다. 앞에서 언급했듯이

아커의 사자 얼굴들은 각각 '세상의 끝들 *edges of the world*'을 나타낸다. 따라서 동쪽으로 바라보는 아커 얼굴은 서쪽 세상 끝을, 서쪽을 바라보는 아커 얼굴은 동쪽 세상 끝을 나타낸다. 따라서 아커의 몸통은 태양이 자정에 지나는 위치

고대 이집트 제1왕조 때 등장한 아커의 모습. 서로 반대 방향을 바라보는 머리가 하나의 몸통을 공유하고 있는 모습의 아커 신. 몸통 부분이 고원지대를 나타낸다.

를 나타낸다. 오늘날의 지리적 지식을 동원하면 그곳은 대척점이다. 따라서 아커의 상징은 '대척점에 위치한 빛의 영역'이라고 해석할 수 있다.

실제로 아커 신은 신성한 산의 산봉우리 부분들이 사자 머리로 대체된 것임을 알 수 있다. 이곳이 아비도스 상아판 문서에 등장하는 바로 그 사자산인 것이다. 그런데 이 이중 사자신의 몸통 부분은 '아커의 고지 *Highland of Aker*'라고 불린다.[208] 그곳이 바로 빛의 영역이다. 이곳은 깊은 골에 위치한 것이 아니라 비교적 얕은 골에 위치한 고원지대인 것이다.[209]

| 오시리스는 이집트에 묻히지 않았다 |

고대 이집트인들은 오시리스가 이집트 땅에서 죽었고 거기에 묻혔다

고 생각했다. 그래서 이집트 땅에는 오시리스의 무덤이라고 알려진 여러 무덤들이 존재했다. 하지만 와델의 해석에서 알 수 있듯이 고대 이집트 신화를 분석해보면, 오시리스는 세상 땅 끝 사자산에서 죽었고 거기에 묻혔다.[210] 오시리스의 무덤이라고 알려진 이집트 땅의 무덤들은 실제 무덤이 아니라 그의 무덤을 상징적으로 구현해놓은 것일 뿐이다. 그런데 오시리스가 죽게 된 배경이나 호루스가 '아켓의 호루스'로 불리게 되는 경위는 무엇일까? 내가《오시리스의 죽음과 부활》에서 기술한 것과 지금까지 이 책에서 논의된 관련 내용을 토대로 정리해보면 다음과 같다.

고대 이집트 왕권 신화에서 핵심은 죽은 오시리스로부터 호루스로의 권력 이양에 있다. 오시리스는 동생 세트에게 살해당하고 왕권을 빼앗긴다. 오시리스의 적자인 호루스는 왕권을 되찾으려 하지만 세트는 호루스의 적통을 부인함으로써 자신의 권력 찬탈을 정당화한다. 현재 상황에서 자신의 적통을 증명할 방법을 찾지 못한 호루스는 과거로 돌아가 아버지 장례식을 집전하고, 그와 한 몸이 된 후 어린 호루스로 재탄생함으로서 자신이 적통임을 입증한다. 이것이 고대 이집트 신화의 핵심이다.[211] 그런데 오시리스의 장례식이 거행되는 곳은 '하계Underworld'이며, 이를 위해 호루스는 태양의 배를 타고 하계로의 여행을 떠난다. 신화 속에서 오시리스의 영역은 하계에 있는 '성스러운 산Sacred Mountain'의 산정호인 '갈대의 평원'이며, 그곳은 태고의 신들인 '빛나는 자들_{akhs}'이 있는 곳, 즉 만신전인 아켓으로 그들의 신성한 보좌_{寶座}는 호수에서 솟아오른 태고의 섬 위에 있다.²¹²

그런데 이런 신성한 산에 대한 고대 이집트 기록이 선-수메르어로 쓰여 있다는 사실은 수메르 유적이나 유물에서도 이와 유사한 모티브들을 찾아낼 수 있으리라는 기대를 하게 한다.

│ 두 개의 봉우리를 갖는 신성한 산 마슈 │

실제로 고대 메소포타미아의 수메르 신화를 묘사한 부조들 중에 고대 이집트의 성스러운 산 제우를 꼭 빼어 닮은 산이 묘사되어 있다. 이 산은 아카드어로 마슈_{Mashu}라 불리는데 그 의미는 쌍봉산이다. 이 둘의 상징성이 어느 정도 똑같은가 하면, 고대 이집트 제우산이 세상 땅 끝에 위치하듯 이 산도 세상 땅 끝_{at the edge of the world}에 위치한다. 또 태양이 최초로 떠오른 곳이기도 하다.²¹³ 미국 일리노이주립대의 고전학 교수 난노 마리나토스_{Nanno Marinatos}는 종종 사자들이 이 '두 개의 봉우리를 갖는 산'을 지키고 있는 것으로 묘사된다고 지적한다.²¹⁴ 마슈도 고대 이집트 제우처럼 사자들과 연관되어 있는 것이다. 뒤의 그림은 기원전 2000년경 고대 메소포타미아의 실린더 실에 묘사된 마슈의 모습이다.

아카드 실린더 실에 등장하는 마슈의 모습.[215]

| 세 개의 봉우리를 갖는 신성한 산 쿠르 |

그런데 수메르에는 고대 이집트의 제우와 동일한 상징성을 갖는 또 하나의 개념이 존재한다. '쿠르Kur'가 바로 그것이다.[216] 고대 이집트의 제우와 고대 메소포타미아의 마슈가 쌍봉산이라는 점에서 유사하다는 점을 강조하는 게오르기 마르티노프Georgi Martinov는, 쿠르가 제우처럼 산과 하계underworld를 동시에 가리킨다는 측면에서 이들 또한 매우 유사하다고 주장한다.[217] 실제로 쿠르는 고대 이집트의 만신전에 붙여진 것과 동일하게 '태양이 떠오르는 산mountain where the sun rises' 또는 '순수하게 빛나는 산the pure shining mountain'으로 불렸다. 정확히 고대 이집트의 신성한 산과 같은 상징성을 갖는다. 이처럼 제우가 마슈와 같고 또 제우가 쿠르와도 같다면, 결국 쿠르는 쌍봉산 마슈가 아니겠는가? 하지만 이런 추론에는 치명적인 문제가 도사리고 있다. 제우와 마슈 모두 쌍봉산인데 비해 쿠르를 나타내는 수메르 상형문자는 옆의 그림에서 보듯 삼봉산 형상을 하고 있기 때문이다. 봉우리 하나가 더 있거나 없는 것이 큰 문제가 아닐 수도 있겠으나 이 부분은 좀 더 심도 있게 살펴볼 필요가 있다.

쿠르를 나타내는 수메르 상형문자.

| 쿠르의 주군 네르갈 |

제3장에서 수메르 신 엔키가 쿠르와 깊은 관련이 있다고 언급한 바 있다. 그런데 엔키의 지휘 아래 쿠르를 다스린 존재가 있으니 그 신의 이름은 네르갈Nergal이라고 알려져 있다. 네르갈은 '태양이 떠오르는 산에서 떠오른다(rise in the mountain where the sun rises, kur-u4-è)'고 소개되어 있어[218] 그가 '쿠르'와 아주 긴밀히 연관되어 있음을 알 수 있다. 실제로 그는 '쿠르의 주군(lord of the mountian land, En-ki-kur-ra)' 또는 '위대한 쿠르의 주군(lord of the great mountain, en-kur-gal)'으로 불렸다.[219] 앞에서 제우나 마슈가 모두 '반대편을 바라보는 두 사자 머리anti-confronted double lion heads'의 모티브와 관련이 있다고 했는데, '쿠르 주군'인 네르갈의 대표적 상징 또한 그랬다. 고대 메소포타미아의 아카드 왕국 시절로 추정되는 부조에 묘

사된 그를 상징하는 홀의 머리 장식에서 이런 모티브를 확인할 수 있다.[220]

네르갈이 이중 사자와 관련이 있고, 해가 떠오르는 빛의 산의 주군으로 군림했다는 사실은 그가 오시리스와 동일한 존재가 아닌가 하는 생각이 들게 한다. 신화 속에서 그는 엔키와 깊숙이 관련되어 있을 뿐 아니라 이따금 엔키의 아들인 것으로 소개되고 있어[221] 이런 추론이 옳다는 생각이 들긴 하지만, 한편으로 그가 엔릴의 맏아들인 것으로 묘사되어 있어 함부로 속단하기 어렵다.[222]

그렇다면 진짜로 네르갈은 누구의 아들일까? 수메르 신화에 의하면 아사리 즉, 오시리스는 일곱 최고신들의 추대로 엔릴의 뒤를 이어 만신전의 주인이 된다. 고대 메소포타미아 전통에 의하면 이는 사실상 오시리스가 엔릴의 양자가 된 것이다. 그 이유 때문에 오시리스인 네르갈이 엔키의 아들이면서 엔릴의 아들로도 불렸다고 볼 수 있다.

아카드기의 고대 메소포타미아에서 제작된 쌍두 사자로 장식된 네르갈을 상징하는 홀.

'쿠르'가 산이면서 사자와 관련이 있다면, 이를 사자산이라 부를 수 있을 것 같은데, 실제로 아비도스 상아판에 묘사된 '사자산'은 선-수메르 문자로 쓰여 있으며 '티아누-쿠Tianu-ku'로 읽힌다.[223] 수메르어에서 사자를 포함해 호랑이, 푸마 등 맹수성 고양잇과 동물들을 포괄적으로

'티아누'라고 하며,[224] 또 산을 나타내는 것으로 알려진 수메르 단어는 원래 '쿠르ₖᵤᵣ'로 읽히지만 수메르어 문법의 탈락 받침 자음amissable consonant 현상에 의해 문장의 마지막에 놓였을 때 'r'의 음가가 사라져서 '쿠ₖᵤ'로 발음된다.[225]

이처럼 수메르 신화에서 신들의 위대한 장소인 '쿠르'는 아비도스 상아판에서 말하는 '사자산'이 분명해 보인다.

그렇다면 '쿠르'의 정확한 형태는 무엇일까? 세 개의 봉우리에 산정호가 있는 산, 그렇지만 한편 두 개의 봉우리를 가진 산이 가능한가?

| 쿠르 : 움푹 팬 땅구덩이 |

언어학자 메릿 루렌Merritt Ruhlen은 세계 모든 언어의 시조어가 존재했다고 하면서 이를 '선-세계어Proto-World Language'라고 부른다. 그는 전 세계적으로 사용되는 단어들 중에서 공통 기원을 갖고 있음이 명백해 보이는 것들을 40여 가지 추렸는데 그중에 '쿠르ₖᵤᵣ'가 있다. 표는 전 세계 언어에서 찾아볼 수 있는 쿠르와 공통 어근을 갖는 것으로 추정되는 단어들과 그 의미를 정리해놓은 것이다.[226]

언어	발음	의미
일본어	쿠르kur	땅이 움푹 팬 곳, 구덩이hollow
코카서스어	쿠르kur	크고 깊은 구덩이, 지면의 구멍, 팬 곳pit
티베트어	코르kor	구멍hole, 구덩이pit
칼라하리사막 부시맨어	코로koro	구멍
핀란드어	콜로kolo	구멍hole
한국어	굴kul	동굴cave
	골kol	산과 산 사이의 움푹 패어 들어간 곳valley, 깊은 구멍
		명계netherworld
독일어	횔레Hölle	지옥hell
영어	홀hole	구멍
	헬hell	지옥

이 표에서 보듯이 전 세계적으로 '쿠르' 및 거기서 파생된 듯이 보이는 단어들은 움푹 팬 지형을 이르는 표현이 압도적으로 많다.

그렇다면 수메르어의 쿠르에도 산의 의미에 더하여 동시에 움푹 팬 구덩이의 의미 또한 담고 있을 가능성이 있다. 그런데 현실적으로 그런 지형이 존재하긴 할까? 존재한다. 정상부에 화구火口나 칼데라caldera를 갖춘 산이 이 두 가지를 모두 충족하는 대표적인 지형들이다. 앞에서 사자산이 산정호를 갖고 있다고 했으니 이는 십중팔구 화구호나 칼데라호를 일컫는다고 볼 수 있다. 그런데 이보다 규모가 더 큰 산 정상의 구덩이가 존재한다.

앞에서 쿠르가 산과 하계의 뜻을 갖고 있다고 했는데 이 밖에도 쿠르에는 비교적 넓은 땅 또는 지대land나 지역country이라는 의미도 있다고한다.[227] 산이면 산이고 땅이면 땅이지 도대체 쿠르가 산이면서 동시에 땅인 이유가 뭘까? 이 의문을 풀려면 쿠르를 나타내는 수메르 문자를 자세히 살펴봐야 한다.

앞에서 언급했듯 수메르 상형문자 쿠르는 산봉우리가 3개 있는 모습을 하고 있다. 여기서 3이 내포하는 의미를 되새겨보자. 한자 三에는 셋이란 의미 이외에도 거듭이나 자주란 의미가 있다. 산을 3개 표시한 것은 산이 거듭하여 있다는 의미로 해석 가능하다. 즉, 쿠르는 산봉우리가 여럿인 산지mountains를 가리키는 것으로 보이며 실제로 그렇게 해석하는 학자들이 있다.[228]

쿠르에 땅이라는 의미도 있다고 했는데, 그렇다면 도대체 어디가땅인 것일까? 잘 들여다보면 이 3개의 산은 한 줄로 이어진 '산맥'이아니다. 어떤 지점을 빙 둘러싼 모습이다. 이 문자에서 땅을 찾으라면바로 산들에 둘러싸인 그 부분이 되겠다. 수메르어 학자들이 이 사실을 간과했다. 상형문자 쿠르는 산들과 이 가운데 공간까지를 모두 포괄한다. 그렇다면 이 형상은 무엇을 의미하는가? 화구나 칼데라는 산에 둘러싸인 너른 지대나 지역이라고 불리기에는 너무 협소하다. 이

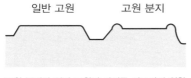

일반 고원   고원 분지

고원 분지와 일반 고원의 차이를 비교하기 위한 단면도.

보다 넓은 지역으로 고원 분지가 있다.

　고원은 두 종류가 있다. 가장자리가 급경사면 절벽인 경우와 산들로 둘러싸인 경우다. 후자의 경우는 특별히 산간 분지 또는 고원 분지라고 불린다. 위의 그림은 단면으로 표현된 두 고원의 차이를 보여주고 있다. 여기서 알 수 있듯이 고대 이집트와 메소포타미아에서의 신성한 산 제우와 마슈는 산봉우리가 둘인 산을 옆에서 본 모습이 아니라 고원 분지의 단면을 형상화한 것으로 봐야 한다. 따라서 티아누-쿠는 '사자산'이라기보다는 '사자 고원 분지'라고 불러야 마땅하다.

| 쿠르 : 파라다이스 혹은 지옥 |

난노 마리나토스는 쿠르의 의미인 '하계'는 '명계netherworld'라고 지적한다.[229] 오늘날 영어나 독일어에서 직역하면 '하계'라고 해석할 수 있는 underworld나 unterwelt의 사전적 의미는 모두 지옥이다. 도대체 고대 이집트나 메소포타미아에서 신들의 만신전이 있다고 여겨졌던 파라다이스가 왜 동시에 지옥으로 각인된 것일까?

고대 이집트 토기 화병에 표현된 신들의 낙원 풍경을 펼쳐 그린 그림. 신들의 신성한 갈대배들이 떠 있는 호수 주변을 산봉우리들이 병풍처럼 빙 둘러싸고 있는 모습이다.

수메르어로 하계는 키-갈ki-gal로 위대한 아래great below를 뜻한다.[230] 문자 그대로 발 밑 세계인 하계인 것이다. 인류 역사상 발 밑 땅속은 전통적으로 지옥으로 여겨져왔다. 그런데 수메르인들도 처음부터 그 곳을 저승이라고 생각했을까? 주류 근동학자들 대부분은 그랬을 것 이라고 주장한다. 하지만 크레이머Samuel Noah Kramer 같은 이는 그들이 그렇게 여겼다는 증거가 없다는 입장이다. 그래서 쿠르를 굳이 지옥 이라고 보지 않고 우주적 의미의 '지각과 원초의 물 사이의 빈 공간' 이라고 정의한다.[231] 그런데 근동신화학자 게르투르트 파베르-플뤼게 Gertrud Faber-Flügge도 수메르 신화에 죽은 자가 사는 곳으로써의 저승이 란 개념 자체가 존재한다는 사실에 강한 의문을 제기하면서 쿠르를 그냥 고원 또는 산악지대로 해석해야 한다고 주장한다.[232] 앨리스 터 너Alice Turner는 수메르인들이 저승이란 개념을 갖고 있었다고 하면서 쿠르(마슈)가 세상 땅 끝 저승 가까이에 위치하기는 하지만 여전히 이

쿠르를 중심에 놓고 서 있는 수메르 신화의 주신들. 왼쪽부터 엔릴, 닌후르삭Ninhursag, 우투Uttu, 엔키, 이수무드Isumud. 쿠르는 하계의 만신전이었다.

승의 세계에 속하며, 영생을 누릴 수 있는 파라다이스라는 식의 절충적인 설명을 한다. 파라다이스는 지옥과 아주 가까이 있으며, 그렇기에 고대인들이 파라다이스와 지옥을 한 묶음으로 생각하게 되었다는 것이다. 그리고 그곳은 바로 에덴이기도 하다.[233] 실제로 성스러운 산 마슈가 등장하는 고대 메소포타미아 부조에는 엔키 신을 비롯하여 태양신 우투, 여신 이난나, 그리고 네르갈이 함께 등장하여 그곳이 만신전임을 나타내고 있다. 여기서 특히 엔키 신의 임재를 염두에 두면 그곳이 고대 메소포타미아판 에덴동산인 에리두와 연관됨을 알 수 있다.

고대 이집트의 경우 아비도스 상아판에서도 알 수 있듯이 신성한 '사자 고원 분지'는 제1왕조시대까지 세상 땅 끝 저 멀리에 있기는 하지만 살아 있는 오시리스가 대항해를 통해 도달할 수 있는 이 세상에 존재하는 곳이었다. 그런데 그곳은 발아래 세계인 하계이기도 했다.

하지만 중왕국시대부터 고대 이집트인들은 이곳을 죽어서 명계의 신이 된 오시리스가 다스리는 저승으로 인식하기 시작했다. 이들이 창작한 《사자의 서書》에 따르면 죽은 자들은 하계의 오시리스를 만나 최후의 심판을 받아야 한다. 오시리스의 법정에서 유죄를 선고받으면 저승의 괴물에게 잡아먹히지만, 무죄를 선고받으면 파라다이스인 갈대의 평원에서 행복한 삶을 살게 된다.[234] 그런데 중왕국 이전 원래의 왕권 신화에는 오시리스가 다스리는 저승이란 개념 자체가 아예 존재하지 않는다.[235]

월리스 버지는 "고대 이집트에서 하계는 태양신 라가 서쪽 지평선을 넘어서 다시 동쪽 지평선으로 떠오르기 전까지 여행하는 지역으로, 죽은 자들이 오시리스에 의해 심판을 받는 곳이라는 윤리적 해석은 고대 이집트 중기 이후에 생겨난 것"이라면서 그곳을 저승과 동일시할 이유가 없다고 말한다.[236] 버지는 수메르 신화에 등장하는 아시리를 오시리스와 동일하게 보았으므로 이런 해석은 수메르 신화에 대해서도 동일하게 적용될 수 있을 것이다.

| 사자의 고원 분지를 찾아서 |

그렇다면 왜 고대 메소포타미아나 이집트인들은 신들의 아지트가 하

계에 존재한다고 했던 것일까? 답은 아주 간단하다. 실제로 그곳이 땅 아래 방향에 위치했기 때문이다. 둥근 지구에서 세상 땅 끝에 해당하는 곳은 대척점이고 우리 발 밑 아래 방향에 존재한다. 고대 이집트나 메소포타미아에서 기원전 3000년경부터 그 이전에 갖고 있었던 과학기술이 모두 신화화되는 과정을 겪게 되었다. 기자 대피라미드를 건축하거나 시에네에서 지구 크기를 측정하던 상당한 수준의 문명이 암흑기로 접어들게 되었다. 따라서 밤에 태양이 지나는 세상은 더 이상 현세의 그 어느 곳이 아닌 명계로 둔갑해버렸다.

지구의 둥근 모습이나 크기에 대한 매우 정확했던 지식은 후세에 와서 그 형태를 알아볼 수 없는 신화의 모습을 띠게 되었다. 하지만 그 이전에 하계의 세상 땅 끝에 존재하는 지상낙원은 정확한 지리적 정보에 기반을 둔 매우 현실적인 공간이었을 것이다. 그곳은 도대체 어디였을까?

지금까지 취합한 정보를 기반으로 유추해보면 그곳은 사자와 갈대 호수로 특징지어지는 고원 분지일 것이다. 그런데 사자는 평원에 서식하지 고원지대에서 살지 않는다. 사자가 고원과 연관 지어진 이유는 무엇일까?

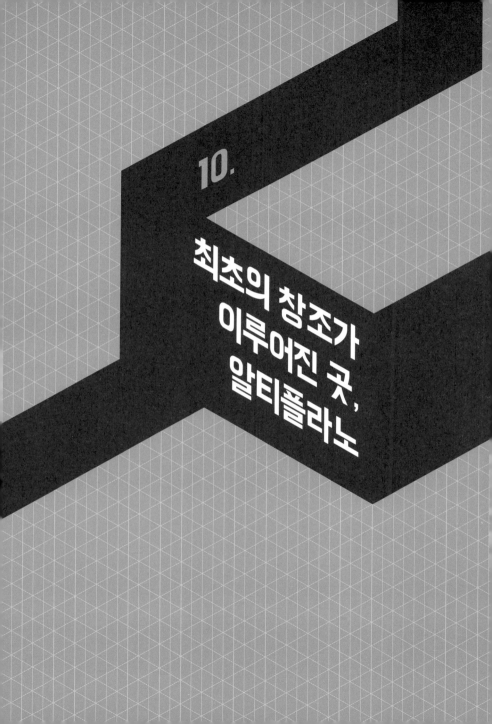

10.

최초의 창조가
이루어진 곳,
알티플라노

구대륙에서 신대륙으로의 문화 전파가 있었다고 주장하는 이들은 양 대륙에 나타나는 문화영웅 신화의 유사성을 중요한 근거로 꼽는다. 제3장에서 우리는 고대 이집트와 메소포타미아 문명에 공통으로 등장하는 문화영웅 오시리스라는 존재를 확인한 바 있다. 그런데 이와 유사한 역할과 상징을 갖춘 신이 신대륙에도 존재한다.

신대륙의 문화영웅신 퀘찰코아틀

아스텍, 마야, 톨텍 등 중남미 고대문명들에서 가장 추앙받는 문화영웅신으로 퀘찰코아틀이 있다. 이 신은 인류 문명 초기에 옥수수 재배, 베 짜기, 돌을 갈아 기구를 만드는 방법, 깃털로 외투를 만드는 방법, 역법 및 천체 운행 원리, 예술, 그리고 종교적 교의 등을 가르쳤다고 한다. 고대 이집트의 대표적인 문화영웅신 오시리스와 매우 유사한 이미지의 신이다. 그런데 퀘찰코아틀을 표현하는 방식조차도 오시리스와 너무 닮았다. 이 신은 흔히 '깃털 달린 뱀Feathered Serpent'으로 묘사되는데, 이는 죽음과 부활 전후의 오시리스를 표현하는 방식과 유사하다.[237] 그뿐 아니라 이 신은 또한 쌍두(bicephallic, two-headed)인 푸마나 재규어런디 같은 맹수성 고양잇과 동물 형상으로도 묘사되었다.[238] 푸마는 보통 '산사자mountain lion'로 불리고 재규어런디는 '작은 사자leoncillo'라고 불린다.[239] 이들 동물들은 평원이 서식지인 사자와 달리 주로 산지나 고원지대에서 산다. 아래 그림은 욱스말의 마야문명

욱스말의 마야 문명에서 발견된 이중 산사자로 표현된 퀘찰코아틀의 석조상.

아담의 문명을 찾아서

에서 발견된 석조상으로 이중 산사자로 표현된 퀘찰코아틀의 모습을 아주 잘 보여주고 있다.[240] 사자와 산사자와의 차이가 있기는 하지만 고대 이집트의 신 아커를 표현하는 방식과 너무 닮았다. 그런데 와델 은 오시리스가 공격을 당한 곳이 '사자산'이라고 해석하기는 했지만, 사자가 산과 연관되어 있다는 사실을 염두에 두고 이를 산사자alpine lion, 즉 푸마로 파악했다.[241]

| 태고의 창조지, 갈대의 땅 |

멕시코의 아스텍인들에게 그들의 먼 조상의 고향은 '아스틀란Aztlan'이 라는 낙원이었다. 이 지명에는 '갈대의 땅'이라는 의미가 있다.[242] 아스 텍은 바로 아스틀란에서 파생된 부족 이름이다. 재미있게도 톨텍인들 은 '톨란의 사람들'로 톨란이 갈대를 뜻하는 톨린에서 파생된 것이어 서 톨텍인들 또한 '갈대의 땅'에서 온 것이 된다.[243]

이와 비슷한 전통에 대해서 마야인들도 알고 있었다. 테오티우아칸 Teotihuacan이라는 지명은 이 도시가 쇠퇴한 후 아스텍인들이 붙인 것으 로 '신의 탄생지'를 의미한다. 하지만 고전 시대의 마야인들은 이곳을 '갈대가 자라는 곳'이라고 불렀다.[244] 계단형 피라미드와 갈대의 땅이 밀접한 관계가 있다고 그들이 생각했기 때문일 것이다. 도대체 왜 이런 전통이 생긴 것일까?

　일부 학자들은 올멕인들이 모든 메조아메리카 고대문명들의 창시자들이라고 생각하며, 이들은 메조아메리카의 다른 고대문명들이 올멕들의 전통을 따라 했을 것이라고 추정한다. 그렇다면 올멕문명에서 그들의 고향이 '갈대의 땅'이었다는 증거들이 나와야 하는데 전혀 발견되고 있지 않다. 또한 올멕인들이 메조아메리카의 원조 문명이라는 주장도 별로 근거가 없다. 그럼에도 제프 코왈스키 Jeff Karl Kowalski 등은 멕시코만 해안의 타바스코주와 베라크루즈주에 걸쳐 있는 지역이 올멕문명의 근원지이며, 이곳에 갈대가 무성하기 때문에 그곳이 다른 문명권들에서 말하는 '갈대의 땅'이었을 것이라고 추정한다.[245] 이처럼 단순하게 추정해보았자 어떤 구체적인 증거를 찾을 수는 없다. 그보다는 메조아메리카 고대문명권에서 '갈대의 땅'이 무엇을 의미했는지를 심층적으로 확인해볼 필요가 있다. 메조아메리카의 창조 신화들을 살펴보면, 그들에게 '갈대의 땅'은 '창조의 장소'를 의미했다는 사실을 알 수 있다.[246] 그뿐 아니라 그곳은 호수 속의 섬 또는 물 가운데 큰 언덕이었고 그 섬에는 계단 피라미드가 존재했다.[247]

　고대 이집트 신화에서 오시리스의 왕국이 있던 곳을 '갈대의 평원'이라고 불렀고, 수메르 신화에서는 오시리스(아사리)가 수석 사제로 있던 엔키의 영역을 '갈대의 땅'이라 불렀다. 그리고 그곳은 최초의 창조가 있었던 곳으로 믿어졌으며 이를 상징하는 대표적인 형태가 계단 피라미드였다. 우연의 일치일까? 나는 그렇지 않다고 본다.

　같은 맥락에서 아스텍이나 톨텍, 그리고 테오티우아칸에 계단 피라미드가 있고 이것이 최초의 창조가 일어난 갈대의 땅에 솟아오른 산을 상징했다고 본다면, 멀리 떨어진 서로 다른 대륙에서 나타난 것이라고 믿기 어려울 정도로 동일한 모티브를 보여주는 것이다.

　태곳적부터 구대륙과 신대륙의 고대문명권 전체에 알려져 있었던 매우 중요한 성지 중의 성지인 태고의 창조 장소를 모방하여 계단 피라미드들을 상징적인 갈대의 땅에 쌓아올렸을 것이라고 나는 생각한다. 그들에게 알려져 있던 갈대의 땅은 도대체 어디였을까?

│ 호수 위에 떠 있는 섬, 테노치티틀란 │

오늘날 멕시코의 수도인 멕시코시티에는 아스텍 제국의 수도인 테노치티틀란이 있었다. 테노치티틀란은 호수 위에 떠 있는 둘레 10여 킬로미터의 장방형 섬으로 건설되었다.[248] 도대체 어떻게 이런 형태의 도시를 건설할 생각을 했을까? 짐 알렌Jim Allen은 아스텍인들이 텍스코코 일대의 좋은 땅이 이미 타민족에게 점령되어 있어 할 수 없이 이런 식의 주거 방식을 택했다고 설명하고 있으나[249] 이는 크게 잘못 알고 있는 것이다. 이런 인공 수상 거주지는 불규칙한 강우, 서리 등의 냉해, 열악한 토질로 특징지어지는 분지 지역에서 첨단 관개시설을 구축함으로써 매우 효율적인 도시형 밀집 농업을 하기 위한 것이다. '치남파스chinampas'라고 불리는 이 농업 방식의 핵심은 '인공 수상 정원artificial floating garden'을 조성하는 데 있다. 이와 같이 효율적인 농사법 덕택에 1세기경의 고대 도시 테노치티틀란은 25만 명 인구를 유지할 수 있었다.[250] 그런데 이런 형태의 농업은 아직도 유카탄 반도의 저지대, 수리남의 습지대, 그리고 페루와 볼리비아의 티티카카호 일대에서 이루어지고 있다.[251] '치남파스'는 아스텍인들이 멕시코 분지에서 처음 시도한 것이 아닌 것이 분명하며, 그들이 말하는 조상들의 신성한 갈대 땅에서 비롯되었다고 볼 수 있다. 나는 그곳이 바로 알티플라노고원의 티티카카호였고, 아스텍인들의 먼 조상들이 당시 전통을 그대로 이어받아 일부러 분지 호수를 찾아와 '떠 있는 섬'을 만들었다고 생각한다.

| 알티플라노, 문화영웅들의 아지트 |

문명학자 스테픈 블라하Stephene Blaha는 페루의 카랄문명에서 잉카문명과 마야, 아스텍 등의 고대문명이 파생되었다고 주장한다.[252] 고대 아메리카 문명의 모체문명이 카랄문명이라는 것이다. 하지만 고고학자

포스난스키는 남미 고대문명 및 메조아메리카 고대문명의 기원을 안데스 알티플라노고원에서 찾는다. 그는 이 지역에 발생한 파멸적인 화산활동에 의해 그곳의 아주 오래된 티와나쿠문명이 붕괴되었고 여기서 흩어져 나간 민족들이 중남미 문명들의 선조가 되었다고 말한다. 그에 따르면 갈대가 우거진 티티카카호湖가 바로 그들이 말하는 신들의 낙원이었고, 중남미 문명에서 쌍계단 상징이 공통적으로 나타나는 이유는 이런 모체문명의 영향 때문이라는 것이다.[253]

앞으로 그 세부적인 이유를 설명하겠지만, 모든 정황으로부터 나는 신대륙에서 최초 문명이 티와나쿠에서 시작되었다는 포스난스키의 가설이 옳다고 생각한다.

앞에서 메조아메리카 문명에서 신으로 추앙하는 케찰코아틀의 중요한 상징이 반대 방향을 바라보는 두 머리를 갖는 산사자였다는 점을 지적한 바 있는데 티와나쿠 근처에서 이런 모티브를 보여주는 몸통을 공유한 서로 반대편을 바라보는 쌍두동물상two-headed or double animal form의 청동제 펜던트가 발굴되었다. 그런데 정확히 같은 형태와 기능을 갖는 펜던트가 근동 지역과 이란에서도 발견된 바 있다.[254] 나는 여기서 티와나쿠가 구대륙 문명과 신대륙 문명의 접점 역할을 했다는 새로운 문명 전파론을 제시하고자 한다. 메조아메리카 고대문명권에서 중요시했던 '갈대의 땅'이자 '창조의 장소'로서 계단 피라미드가 존재했던 호수 속의 섬 또는 물 가운데 큰 언덕은 알티플라노고원의

볼리비아 티와나쿠(오른쪽)와 이란 루리스탄(왼쪽)에서 발견된 몸통을 공유한 쌍두 짐승상의 청동제 펜던트들.

티티카카호에 있었다고 나는 생각한다. 거기에 더하여 나는 구대륙의 고대문명권에서 신성시되었던 '갈대의 평원'이나 '갈대의 땅'으로 최초의 창조가 일어났던 심연의 물 속에서 솟아난 태고의 언덕도 바로 그곳을 가리키고 있음에 틀림없다고 믿는다. 고대 이집트의 아비도스 상아판 기록에는 오시리스가 해지는 땅 끝까지 항해해서 사자 고원 분지의 왕국을 방문했다고 되어 있다. 아마도 먼 옛날 순다랜드의 문화영웅들이 안데스 알티플라노고원에 그들의 아지트를 건설한 듯하다. 비록 오늘날 엘리엇 스미스가 초전파설의 대표적인 학자로 알려져 있지만, 최초로 그런 학설을 주창한 이는 볼리비아에 거주하던 스페인 출신 학자 안토니오 피넬로 Antonio de León Pinelo 였다. 그는 볼리비아에 에덴동산이 있었다고 하면서 모든 문명들이 그곳에서 신구대륙의 여러 지역으로 전파되었다고 주장했다.[255] 나는 에덴동산이 그곳에 있었다는 그의 주장에는 전적으로 동감하지만 오래 전부터 문명의 축은 상계의 순다랜드와 하계의 알티플라노고원 두 곳에 있었다고 생각한다. 그렇지만 신화의 맥락에서 볼 때 아마도 신들은 하계의 아지트를 전략적으로 더욱 중요시하여 그들의 본거지로 택했던 것 같다.

| 알티플라노는 순다랜드의 대척점에 있다! |

볼리비아 출신의 인류학자로 미국 하버드대학에 방문 교수를 하던 윌카Zarate Huayta Álvaro Rodrigo Willka 박사는 2013년에 티와나쿠의 태양 신전이 일종의 캘린더라는 주장을 담은 소책자를 하버드대학 출판부에서 펴냈다. 포스난스키의 연구 결과를 중심으로 태양 신전의 천문고고학적 의미로부터 이 유적을 건설한 이들이 담아내고자 했던 과학 지식을 탐구하면서 그는 건축에 사용된 측정 단위 대부분이 고대 이집트의 주요 측정 단위인 로열 큐빗이나 고대 메소포타미아의 수메르 큐빗과 일치한다는 사실을 발견했다.[256] 이런 사실은 정말로 이 유적지가 구대륙과 연결 고리였음을 가리키는 것이 아닐까?

고대 이집트인들은 오시리스 왕국이 갈대의 평원에 있었으며 거기에 태고의 섬이 존재했다고 믿었다. 그들은 그 성지를 모방하여 이집트 땅에 피라미드를 건축하고 아켓이라고 불렀다. 아켓은 피라미드와 이를 둘러싼 갈대 호수를 의미했다. 또한 아켓은 쌍면신雙面神 아

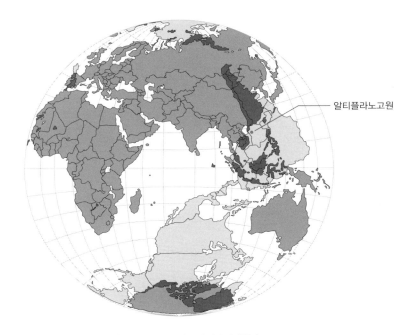

알티플라노고원

대척점 지도. 순다대륙의 대척점에는 북부 안데스 산지가 위치한다.

커의 땅으로 신화 속에서 하계의 중심에 자리 잡고 있다고 그들은 생
각했다.[257]

하계에 관해 쓰여진 《암두앗 서Book of the Amduat》에서는 태양이 하계
여행을 시작한 지 5시간 정도 지나서 아커 신이 등장하며 이곳이 오
시리스의 왕국이라고 되어 있다. 왕조시대에 접어들면서 하계가 신화
적 영역으로 자리 잡게 되었지만 《암두앗 서》에는 오래 전의 지구과
학적인 정보가 담겨 있다고 볼 수 있다. 월리스 버지는 저녁 6시에서

7시경에 태양이 지평선 아래로 내려가서 야간 운행을 시작한다고 보면, 《하계의 서[書]》들로부터 계산되는 태양이 오시리스 거처에 도착하는 시간대는 '심야[Midnight]'라고 지적하고 있다.[258] 지구가 둥글다는 지구과학 상식을 동원하면 심야에 태양은 대척점 부근을 지난다.

쌍면 사자신에 대한 이미지를 고대 메소포타미아와 이집트에서 공유하고 있었다는 사실은 이 지역이 모체문명에서 알려져 있었던 땅임을 가리킨다. 모체문명이 순다랜드에 존재했다면 태양이 심야에 지나는 지역은 그곳의 대척점에 해당하는 지역일 것이다.

옆의 그림은 동남아시아 지도에 그 대척점을 겹쳐놓은 것이다. 여기서 알 수 있듯이 순다랜드의 대척 지점은 남미의 북부 안데스 지역에 존재하며 알티플라노고원이 그 범주에 들어온다. 이 중에서도 티티카카호는 갈대의 평원이라 불러도 손색없을 정도로 길이 6~7미터나 되는 갈대밭이 무성하다.

| 광물을 찾아 알티플라노로 향한 순다랜드인들 |

수메르 신화에서 신들의 주된 관심사는 귀금속 광물 채취였다. 따라서 신들의 낙원은 당연히 광물자원이 풍부한 곳이었다고 판단된다. 엘리엇 스미스는 문명 전파의 가장 큰 동기를 광산 개발로 보았는데

수메르 신화에 이런 모티브가 강하게 반영되어 있다. 그가 의아스럽게 생각했듯이 동남아시아와 멜라네시아는 광물자원이 부족했는데, 이는 7만 년 전 아프리카를 떠난 일단의 무리들이 우선 따뜻하고 먹을 것이 풍부한 지역을 찾아 둥지를 틀었기 때문일 것이다. 하지만 어느 정도 문명이 발달하면서 광산 개발이 초미의 관심사로 떠올랐을 것이며 초기 문화영웅들이 남미로 향한 가장 큰 동기는 광산 개발이었음이 틀림없다. 따라서 농경 지역인 카랄보다는 광물자원이 풍부한 안데스 산지의 알티플라노고원이 신대륙 문명의 최초 성립에 보다 유력한 곳이었을 것이다. 주류 학계에서도 금이나 은, 또는 구리의 정련이 티티카카호 인근에서 기원전 2000년까지 거슬러 올라가서 이루어졌음을 인정한다.[259] 비록 현재까지 그런 작업이 그보다 과거부터 이루어졌다는 증거가 나타나지 않고 있으나 이는 잉카문명이나 스페인 침략자들 또는 최근의 산업 활동으로 과거의 많은 증거들이 유실되었기 때문일 수 있다. 비록 간접적이기는 하지만 티티카카호 인근과 중앙 페루에서 선잉카 시대 때 집약적이고 중앙 집중적 체제에서 광업 활동이 있었다는 정황들이 포착되고 있어 향후 좀 더 조사가 이루어질 필요가 있다.[260]

일찍이 고대 메소포타미아인들이 티티카카호를 탐험했다는 주장이 대체역사학자들에 의해서 제기된 바 있다. 데이비드 칠드레스David H. Childress는 고대 메소포타미아인들이 대양 항해를 통해 안데스의 알티플라노고원을 찾았고, 티티카카호 주변의 광산들을 개발한 후 대규모 야금 시설을 구축한 것이 바로 티와나쿠의 푸마푼쿠라고 주장한다.[261]

짐 베일리Jim Bailey는 수메르 신화에 '태양이 지는 곳의 산지Mountains of the Sunset'에 위치한다고 묘사되어 있는 신성한 호수가 바로 티티카카호라고 주장한다. 그 일대가 '주석朱錫의 나라'이며 기원전 2300년경에 아카드 왕국의 사르곤Sargon 왕이 채광을 하기 위해 대항해를 해서 그곳으로 찾아갔다는 것이다.[262] 나는 수메르 신화가 알티플라노고원의 풍부한 광물자원에 대해 기록하고 있을 가능성을 지적한 베일리의 주장에는 동감하지만, 기원전 2300년경에 사르곤이 거기까지 항해해 광물 채취를 했다는 주장은 근거가 희박하다고 본다. 정말로 그 시대에 아카드인들이 티티카카호에서 광산을 개발했다면, 동시대에 고대 메소포타미아 땅에서 사용하던 것과 똑같은 유물들이 상당수 발견되어야 하는데 그렇지 않기 때문이다. 무엇보다도 티와나쿠의 푸마푼쿠에 구현된 석재 가공 기술 수준을 볼 때 기원전 2300년 전후의 메소포타미아인들이 채광 전초기지로 티와나쿠를 건설했다는 주장은 터

푸마푼쿠 유적에 남아 있는 정밀 가공된 안산암. © Brien Foerster

무늬없음을 금방 깨닫게 된다. 제4장에서 지적한 바와 같이 아카드 왕국에서 가공할 수 있었던 가장 단단한 암석은 모스 경도 6 정도인 적철석赤鐵石이었다. 이에 비해 티와나쿠와 푸마푼쿠 건설자들은 이보다 100배 정도 더 단단한 안산암과 섬록암을 자유자재로 정밀하게 가공해서 건축물에 사용했다.[263]

그렇다면 사르곤 왕에 대한 기록은 무엇을 의미할까? 고대 이집트에서와 마찬가지로 그는 실제의 항해를 한 것이 아니라 사제로서 신화 속 문화영웅의 행적을 제의로 따라 한 것이라고 볼 수 있다.

휴 폭스Hugh Fox는 '길가메시 서사시'라고 알려진 수메르 신화가 대양 항해를 통해 반신반인半神半人인 문화영웅 길가메시가 티와나쿠에 도달하는 내용을 담고 있다는 주장을 한다. 그에 의하면 길가메시가 우룩Uruk의 왕이었으며 청동기 제작에 중요한 금속인 주석을 찾아 그곳까지 탐험했다는 것이다.[264] 그런데 그 탐험 시기가 문제다. 폭스는 그 시기를 기원전 2700년경으로 잡고 있는데 이 시기는 이미 신화시대가 아니라 역사시대에 해당한다. 폭스가 이런 오류를 저지른 것은 메소포타미아 땅의 우룩을 수메르 신화 속 우룩과 같다고 착각했기 때문이다.[265] 역사시대의 그 누군가가 메소포타미아 땅의 우룩에서 길가메시와 동일화하여 제의로서 항해를 했을지는 몰라도, 정말로 그 시대의 누군가가 신화 속 길가메시처럼 직접 대양 항해를 했는지는 매우 의문스럽다. 그렇다면 정말로 고대 메소포타미아인들이 알티플라노고원에 도달했었다는 그 어떤 증거도 존재하지 않는 것일까?

| 모체문명의 언어가 새겨진 푸엔테 마그나 |

최근 '푸엔테 마그나Fuente Magna'라고 불리는 성수조聖水槽 그릇이 티티카카호 근처에서 출토되었는데, 그 표면에는 수메르 상형문자와 쐐기문자가 섞여서 쓰여 있다는 주장이 제기되었다. 이런 주장을 하는 이

초고대문명의 글자가 새겨진 것으로 추정되는 푸엔테 마그나의 표면.

들은 수메르 상형문자와 쐐기문자가 쓰이던 시절이 기원전 3500년에서 기원전 2500년 사이이므로 이 시기에 누군가가 근동 지역에서 알티플라노고원까지 갔었음이 틀림없다고 지적한다.[266] 만일 이 유물이 위조된 것이 아니라면 이는 분명 누군가 근동 지역에서의 방문자가 있었음을 시사한다. 하지만 설령 그렇다고 해도 이 유물을 대체역사학자들이 주장하듯 고대 메소포타미아인들의 광산 개발을 위한 식민지 개척의 증거로 볼 수는 없다. 그 용기에 붙여진 명칭처럼 그것은 성수 조용이며, 일부 해독된 바에 의하면 그것은 순전히 종교적인 내용이기 때문이다. 또한 정말로 광산 개발을 위한 일단의 무리들이 거기에 갔다면 동시대의 고대 메소포타미아 유물과 유적들이 상당수 존재해야 하는데 전혀 그렇지 않다. 앞에서 지적했듯이 당시의 양 대륙 간 동일한 유물이 거의 발견되지 않는 것은 상당한 규모의 교류가 아니라 소수에 의한 종교적 순례였기 때문이라고 설명할 수 있다. 그런데 정말로 이 그릇에 쓰인 문자가 수메르 상형문자와 쐐기문자가 맞기는 한 걸까?

문제의 그릇을 직접 조사한 클리드 윈터스Clyde A. Winters 박사는 그

문자들이 선-수메르Proto-Sumerian, 선-엘람 Proto-Elamites, 선-드라비드 Proto-Dravidian, 그리고 선-만데Proto-Mande의 언어들을 모두 동원해야 해독이 가능하다고 지적한다. 그러면서 이 모든 문자의 기원이 되는 모체문명이 아프리카 대륙 어딘가에 존재했을 것이라고 말한다.[267] 하지만 나는 그런 모체문명이 존재했다면 그곳은 순다랜드에 있었다고 본다. 지금부터 1만 여 년 전 새 보금자리를 찾아 순다랜드에서 메소포타미아, 이란, 인도, 아프리카 등 여러 지역으로 이주민들이 흩어지면서 모체문명의 문자가 여러 지역으로 전파되었고 지역별로 상당한 변형을 겪었을 것이다. 따라서 이 모두를 퍼즐 맞추듯이 맞추어야만 원래의 뜻을 알 수 있게 되었을 것이다.

이런 주장을 하는 이유는 아주 단순하다. 기원전 3000여 년경 이른바 수메르어와 이를 표현하는 문자는 오늘날 라틴어처럼 고대 메소포타미아나 이집트에서 종교 행사에서나 사용되던 사어死語였다. 그것이 일상에서 사용되던 때는 그 훨씬 이전이었던 것이다. 기원전 4000여 년 이전에 이미 이집트 땅에는 고도의 문명이 존재했으며 이 문명은 당연히 수메르어나 문자에 대해 인지하고 있었을 것이다. 하지만 기원전 3000년경에는 수메르어나 문자 사용은 극히 제한적이었고 심지어 자신들의 고유 문자들조차도 아주 아주 오래된 상태였다.[268]

나는 푸엔테 마그나가 주류 역사학자들이 말하는 역사시대의 고대 메소포타미아인들이 아닌 선사시대의 순다 대륙인들 또는 순다 대륙

을 탈출한 이주민들이 알티플라노고원을 방문했었음을 뒷받침하는
유력한 증거물이라고 생각한다. 물론 후대의 고대 메소포타미아인들
이 그들의 행적을 좇아 종교적 순례를 하여 그곳까지 도달했었을 가
능성이 있긴 하다.[269]

| 페루어에 남겨진 수메르 종교 언어 |

티티카카호의 살라에 사는 페루 원주민들은 치파야족인데 그들은 몇
몇 학자들에 의해 티와나쿠문명을 일군 사람들의 후예들일 가능성이
있다고 여겨진다. 그런데 그들이 사용하는 언어 중에 수메르어와 동
일 어근에서 나온 것 같은 단어들이 발견된다.[270] 이들의 언어를 중심
으로 살펴본 두 언어 간의 유사성은 다음과 같다.

　수메르어에서 '많다'는 뜻을 나타내는 접두사 '악$_{ak}$'이 페루어에서
공통으로 나타난다. 또 수메르어에서 '너'를 가리키는 이인칭 대명사
는 '카$_{ca}$'인데 페루어에서는 '카우$_{ccau}$'이며, 일인칭 복수형인 '우리'는
수메르어에서 '함$_{ham}$'인데 페루어에서도 똑같이 '함$_{ham}$'이다.

　그 밖에 별, 달, 세계, 강, 물 등을 나타내는 수메르어 이스터$_{ister}$, 칼
라$_{kala}$, 마$_{ma}$, 막$_{mak}$, 누나$_{nuna}$에 대해서 페루어는 각각 이쉬타$_{ishtar}$, 퀼라
$_{quilla}$, 마이$_{mai}$, 막$_{mak}$, 우나$_{una}$ 등의 대응되는 표현을 갖고 있다.

수메르어와 페루어에 있어서 특히 종교적인 용어에서의 유사성은 매우 두드러지게 나타난다.[271] 저수조가 있는 언덕, 세례반, 성스러운 권좌, 성스럽고 새로운 불, 비의秘儀, 사제, 순결한 또는 성스러운, 그리고 귀족 공동묘지에 해당하는 수메르어는 아파차apacha, 에-압수e-apsu, 티야나tyana, 미오크miok, 이멘티imenti, 야ya, 코셔kosher, 그리고 아멘티amenti다. 이에 대응하는 페루어는 각각 아카파나akapana[271], 아파수apasu, 티야나tyana, 모속mosok, 이멘틴imentin, 야야ya-ya, 코차kocha, 그리고 아멘카이amencay다.

순다랜드에서 온 문화영웅들인 수메르 신들이 사용하는 언어가 존재하여 구대륙과 신대륙에 모두 영향을 끼쳤다면, 페루어에서 발견되는 수메르어와의 동일 어근인 단어들 중에 종교적인 것들이 많은 이유를 납득할 수 있다. 구대륙이나 신대륙에서 문화영웅들의 언행은 반드시 따라서 지켜야 할 중요한 전범이었기에 오랜 세월 동안 관련 용어들을 지켜왔던 것이리라.

| 산사자 고원 분지, 티와나쿠 |

오늘날 티티카카호 일대는 무성한 갈대밭으로만 특징지어지지만 옛날에는 거기에 더하여 또 다른 중요한 상징이 있었다. 바로 푸마, 즉 산사자다. 그 일대의 여러 지명에 산사자가 사용되고 있다는 사실로부터 알 수 있다. 예를 들어 호수 이름인 티티카카Titicaca에서 '티티Titi'는 아이마라어로 '산사자'를 가리킨다. 카카Caca는 아이마라어로 카르카 또는 콸라이며, 절벽 또는 바위라는 의미가 있다.[273] 따라서 티티카카는 '산사자 절벽' 또는 '산사자 바위'다. 티와나쿠 유적 중에서 거석 건축군이 밀집된 곳은 푸마푼쿠Puma Punku, 즉 '산사자의 문'이라 불린다. 그렇다면 티와나쿠의 의미는 무엇일까? 이상하게도 가장 중요한 지명인 티와나쿠의 어원은 아무도 모른다.

고대 이집트 아비도스 상아판에 선-수메르어로 쓰여 있는 '티아누-쿠'가 '사자 고원 분지'라고 앞에서 밝힌 바 있다. 사자는 고원지대에 서식하지 않으므로 이를 다시 '산사자 고원 분지'로 해석할 수 있다. '티아누'는 사자뿐 아니라 푸마도 되기 때문이다. 나는 볼리비아의 신성 도시의 이름 티와나쿠가 '티아누-쿠'의 변형이라고 생각한다.[274] 그렇다면 왜 이 유적지에 고원 분지라는 이름이 붙었을까?

옆의 그림들은 각각 중북부 안데스 산지의 알티플라노고원을 위쪽에서 바라본 모습과 동서 절단면[275]을 보여주고 있다. 알티플라노고원은 남미의 대표적인 고원 분지로 구덩이가 푹 팬 듯한 독특한 모습은 이 지역의 특별한 지질학적 특성 때문에 생긴 것이다. 마치 가운데가 꺼진 멕시코 모자처럼 생겼다고 해서 지질학자들은 이 지형을 특별히 '솜브레로sombrero 융기'라고 부른다.[276] 이런 식의 도드라진 융기는 전

알티플라노고원

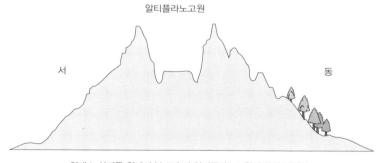

서   동

안데스 산지를 위에서 본 모습과 알티플라노고원의 동서 절단면.

세계적으로 오직 이곳에서만 볼 수 있는데 알티플라노고원의 땅속에 존재하는 거대한 마그마 때문에 형성되었다.

티와나쿠라는 유적지의 명칭은 과거 그곳에 산사자들이 매우 많았던 시절, 알티플라노고원의 구덩이처럼 푹 팬 독특한 모양을 함께 결부시켜 지어진 이름 '티아누-쿠'에서 비롯되었다고 나는 확신한다.

이런 독특한 지질학적 특성으로 이곳은 과거에 대규모 화산 폭발이 일어났었다. 쿠르가 신들의 파라다이스[277]이면서 동시에 지옥이나 명계와 결부된 것은 당시 이곳에서 있었던 대참사에 대한 오래된 기억이 반영된 때문이리라.[278]

아마도 순다랜드에 거주하던 초고대문명인들은 안데스 알티플라노고원의 독특한 모습에 깊은 인상을 받았던 것 같다. 그들에게 그곳은 대표적인 쿠르였던 것이다. 일찍이 활동 무대를 순다랜드 이외의 전 세계로까지 확대한 문화영웅들은 알티플라노고원지대를 그들의 본거지로 삼았으며, 이곳을 凹자와 같이 동서 단면 모습으로 표현해 그곳을 미처 가보지 못한 다른 순다랜드인들에게도 알려주었던 것 같다. 이런 표현 방식은 순다랜드인들이 나중에 그곳을 떠나 이집트나 메소포타미아 지역에 정착했을 때까지 계속 사용되었으리라.

11.

알티플라노고원에서 오시리스 왕국의 흔적을 찾다

    제10장에서 신들의 본거지였던 '에덴동산'이 안데스 알티플라노고원에 있었다는 사실을 신화학적, 어원학적, 지리학적, 그리고 고고학적 접근법을 통해 확인해보았다. 고대 기록에 의하면 오시리스, 즉 아사리는 광물 채취와 토지 개간을 지휘한 것으로 묘사된 엔키 신의 맏아들이었으며, 상계(순다랜드)와 하계(알티플라노고원)을 오가면서 문명 전파에 힘 쏟은 존재였다. 그런데 지금까지 분석한 바에 의하면 그는 알티플라노고원에서 최후를 맞은 것처럼 보인다. 그렇다면 알티플라노고원에서 구전되는 신화 속에서 그의 자취를 확인할 수 있을까?

| 살해당하는 문화영웅들 |

그레이엄 핸콕은 그의 베스트셀러 《신의 지문》에서 남아메리카 안데스 지역의 전설에서 고대 이집트 신화와 그냥 우연으로 치부할 수 없는 유사점들이 확인된다고 말한다. 그 대표적인 것이 바로 알티플라노고원 원주민들 사이에서 구전되어온 문화영웅에 대한 전승으로 오시리스 신화 내용과 상당 부분 일치한다는 것이다. 그는 두 문화영웅들이 모두 문명을 전파하다가 음모에 빠져 죽어서 물에 띄워 보내졌다는 점 등 무시할 수 없는 유사성이 발견된다고 지적한다. 핸콕은 이런 공통점을 우연으로 간주하고 무시할 수 없으며, 두 전승이 근원적으로 연결되어 있다고 생각한다. 그런데 오시리스와 남미 문화영웅을 비교할 때 핸콕은 오시리스에 대한 플루타르코스의 기록을 참고했다.[279]

플루타르코스는 오시리스가 해외 원정에서 이집트 땅으로 돌아와 역모에 의해 죽임을 당한 후 나일강물을 떠내려간 것으로 기록했다. 오시리스가 고대 이집트 신이니까 그 신화의 배경이 당연히 이집트 땅이라고 생각했던 그는, 철저히 이집트의 지리적 배경에서 오시리스 신화를 해석한 것이다. 하지만 아비도스 상아판에 기록된 고대 이집트 초기 문서의 번역에 의하면 오시리스는 머나먼 서쪽 땅 끝 하계의 산 정상 호수에서 변을 당했다. 이처럼 플루타르코스 기록은 비교 자료로서 가치가 떨어지며, 정말 유사성이 있는지를 확인하려면 《사자의 서》와 같은 고대 이집트인들의 자료를 참고해야 한다.

먼저 남미 원주민 신화가 구체적으로 어떠한지를 살펴보자. 신화에 의하면 티티카카호에서 습격을 받고 큰 상처를 입은 문화영웅은 티티카카호수를 표류하는 것으로 되어 있다.[280]

그런데 고대 이집트 《사자의 서》에 죽은 또는 치명상을 입은 오시리스는 갈대의 평원에서 표류하며 "나는 '이중 사자신'"이라고 말한다.[281] 자신이 이중 사자의 땅, 즉 '산사자 고원 분지'에 있음을 밝히는 것이다.

| 아카파나 피라미드 위의 저수조 |

아파카나 피라미드가 완벽한 쌍계단 형태를 구현한 최고의 양식화된 축조물이라는 사실을 앞에서 지적한 바 있다. 그런데 이 피라미드는 메조아메리카의 다른 피라미드들과는 다른 또 한 가지 특징을 갖고 있다. 상부에 존재하는 저수조가 바로 그것이다.

《신의 지문》에서 그레이엄 핸콕은 이 피라미드의 참된 역할이나 상징을 판명하기 어렵다고 하면서 절대로 의식을 위한 건축물은 아닌 것 같다고 말한다. 또 그는 그 용도에 대해서는 더 이상 언급하지 않고 오직 저수 장치 아래에 연결된 수로 구조의 기술적 완성도에 관심을 보인다.[282] 하지만 알란 콜라타Alan L. Kolata 등은 이 피라미드가 인공적으로 만들어진 신성한 산을 나타내는 것이라고 지적한다.[283] 그렇다면 저수조는 산정호를 상징하는 것일까?

수조가 있는 신전은 메소포타미아나 고대 이집트에도 있다. 이런 구조의 건축물은 종교적 의식을 위해 쓰였다. 서구의 기독교 교회 중에는 세례반이 있는 교회가 있으며 이슬람의 모스크에도 성수 연못이 있어 죄를 씻는 용도로 사용한다. 이런 전통은 메소포타미아로부터

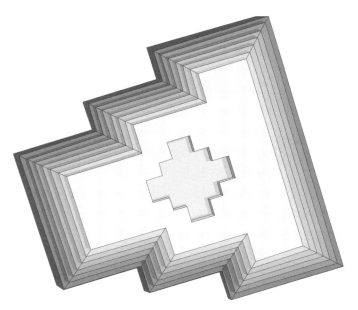

티와나쿠의 아카파나 계단 피라미드를 위에서 바라본 모습. 맨 위 한가운데에 저수조가 있다.

전해졌다.

바빌로니아나 아시리아의 신전 뜰에는 성수를 담는 수조들이 놓여 있었는데 여기에 담긴 물을 '압주abzu'라고 불렀다. 압주는 오늘날 영어의 'abyss(심연)'의 기원이 된 단어로 현재는 바다나 담수를 가리지 않고 사용하지만 수메르인들은 이를 담수인 지하수에 특정하여 사용했다.[284]

다시 과거로 더 거슬러 올라가면 메소포타미아 최초의 도시인 에리두에서 이런 전통이 비롯되었음을 알 수 있다. 계단 피라미드 형태로 지어진 압주 신전에는 성수조가 있었고, 이 성수조에는 '우주적 신성한 물' 또는 '지하의 물'이 담겼다. 이는 엔키가 높은 산이 물 위에 떠 있는 것처럼 건설한 에리두에 '수조의 집house of water-bank'을 설치했다는 신화 내용에 따른 것이다.[285] 수메르 신화에서 지하에서 솟는 담수는 매우 성스러운 것으로 간주했으며 이는 종교 의례에서 세례를 내릴 때 사용하여 죄와 질병을 씻어주었다. 고대 메소포타미아에서 모든 신전들은 항상 이런 심연의 물 위에 건설되는 것으로 간주되었다. 고대 이집트의 경우에도 신전 뜰에 연못을 만들고 사제들이 종교 의례를 주재하기 전에 반드시 그 물로 부정한 것들을 씻어내도록 했다. 고대 이집트에 찾아볼 수 있는 가장 전형적인 성수조 신전은 오세리온Oserion일 것이다. 이집트어로 '압주'로 발음되는 도시 아비도스에 건축되었으며 오시리스 가묘로 알려진 이 신전은, 중앙 홀의 바닥 면

이 지하수면 아래에 위치하도록 하여 자연스럽게 지하수 샘이 되도록 설계되었다. 그 한가운데는 돌 제단이 있는데 윗표면을 수면 위로 노출시켜 섬처럼 보이도록 만들었다. 이 침출수의 샘은 심연의 물인 눈 Nun과 동일시되었으며 이 장방형 섬의 주변에 쌍계단을 설치함으로서 태고의 산을 나타내는 상형문자를 흉내 냈다.[286]

| 엘 프레일레가 오시리스일까? |

앞에서 티와나쿠의 태양 신전인 칼라사사야 내부에 서있는 석상인 엘 프레일레와 제주도의 돌하르방과의 연관성을 살펴본 바 있다. 이 석 조상은 붉은 사암으로 만들어졌으며 높이가 2미터 남짓 된다. 이 석상은 허리 아래에 마치 비늘 같은 것으로 치장한 듯한 옷을 입고 있다. 그런데 자세히 살펴보면 그 비늘 같은 것 하나하나가 모두 물고기 머리 형태를 하고 있음을 알 수 있다. 포스난스키는 이것들이 일반적인 물고기를 상징한다고 해석했다.[287] 핸콕은 이를 티티카카호에 살았다는 물고기 꼬리를 가진 신들에 대한 전설과 결부시켜 해석한다.[288]

물고기 복장을 한 점, 그리고 양손에 물건을 들고 있는 포즈의 유사성 등을 근거로 핸콕은 이 석상이 수메르 신화에 등장하는 신 오안네스Oannes와 연관된 듯하다고 지적한다.[289] 고대 칼데아의 역사가 베로

수스_{Berossus}는 수메르 문명을 건설한 자들의 지도자가 반인반어신半人半漁神인 오안네스였다고 기록했다. 그에 의하면 오안네스는 문화영웅으로 인류에게 문명의 모든 것을 가르쳐주었으며 그 이후로 더 이상 보탤 것이 없었다고 기록했다.[290] 그렇다면 도대체 오안네스의 정체는 무엇일까?

수메르 신화의 등장인물들 중에 물고기 복장을 하고 있는 존재들이 있다. 우투쿠_{Utukku}라 불리는 '일곱 현인들'이

정화 세례 의식을 하고 있는 우투쿠.

바로 그들로 물고기 복장은 정화 세례 의식 때 입는 예복이다. 이 정화 의식을 주재하는 수석 사제인 우투쿠 우두머리가 우안나_{Uanna}이며 엔키 신의 아들로 알려져 있다. 모든 측면에서 오안네스는 '우안나'의 그리스식 명칭임을 알 수 있다.[291] 그런데 우안나의 또 다른 이름이 다름 아닌 '아다파'다. 당연한 이야기지만 오안네스는 에덴동산에 있었던 것이다. 오안네스, 즉 아다파는 인간들에게 글쓰기와 수학, 법률, 측량, 그리고 농사짓는 법 등을 가르친 문화영웅이었다.[292] 그런데 앞에서 인류에게 농사짓는 법을 가르친 문화영웅은 아사리, 즉 오시리스이며 엔키 신의 아들이자 수석 사제 또한 그였다고 하지 않았는가?

오안네스의 별명은 '신성한 눈의 주인Lord of the Sacred Eye'으로 눈이 보좌나 처소에 놓여 있는 오시리스 이름을 가리키고 있다.[293] 이집트 신화에서 태고의 언덕이 오시리스와 깊은 연관이 있다는 사실은 이미 앞에서 밝힌 바 있다.

| 티와나쿠는 세계에서 가장 오래된 도시인가? |

아이마라족이나 퀘추아족 같은 남미 안데스 원주민들은 티와나쿠 유적이 아주 아주 오래되었으며 거기서 신에 의한 최초의 창조가 있었다는 전설을 간직하고 있다. 17세기 스페인의 제수이트교 선교사 베르나베 코보Bernabé Cobo(1582~1657)는 이 내용을 기록하면서 무의미한 이야기라고 코멘트했다. 그런데 1875 당시 볼리비아의 저명한 언어학자인 빌라밀 데 라다Villamil de Rada는 아이마라어가 세계에서 가장 오래된 언어처럼 보인다고 말하면서 원주민들 전설대로 티와나쿠가 세상에서 제일 오래된 도시일 수 있다고 언급했다. 포스난스키는 천문고고학적 지식을 동원해서 이런 지적이 옳다고 주장했다. 고대 아메리카 전문가인 니겔 데이비스Nigel Davies는 라다나 포스난스키의 학자로서의 명성이나 능력은 인정하면서도 이 부분만큼은 이들이 오판했다고 지적한다.[294] 정말 그럴까?

그레이엄 핸콕은 호수 이름 '티티카카'가 '사자 절벽'이라는 의미를 갖는다고 주장한다.[295] 하지만 앞에서 밝혔듯이 그 명칭은 산사자 절벽 또는 바위라고 해석될 수 있다.

이 호수 안에는 여러 섬들이 있는데, 그중에서 '태양의 섬'의 두 곳이 산사자와 연관된 지명을 갖고 있다. 이 섬의 동쪽 단구형 낭떠러지가 '산사자 절벽'으로 불린다. 고고천문학자 윌리엄 설리번William Sullivan은 이 낭떠러지가 잉카인들에 의해 태양이 최초로 치솟은 창조의 장소로 숭배되었다고 말한다.[296] 고대 이집트 신화에서 태양이 치솟은 곳은 성지 중의 성지인 아켓에 해당한다. 태양신 호루스와 아켓이 연결되는 지점에 스핑크스가 존재하므로, 핸콕은 사자-낭떠러지Lion-cliff와 이집트 기자고원의 절벽을 사자 모양으로 깎아내 만든 사자인 스핑크스를 연결시킨다.[297] 하지만 스핑크스는 기자고원의 바위 언덕을 깎아서 만든 것이다. 그런데 태양의 섬에는 또한 '푸마의 바위'라고 불리는 바위 언덕이 존재한다.[298] 따라서 잉카인들이 지목한 최초 창조의 장소는 이 바위산일 수 있다. 하지만 태양의 섬에서 잉카인들의 전설과 관련된 구체적인 곳을 찾는 것은 그 자체가 무의미할지 모른다. 티티카카호 원주민들은 태양의 섬 그 자체를 티티카카라 불렀기 때문이다.[299] 섬 전체가 산사자 바위인 셈이다.

앞에서 우리는 안데스 원주민들은 티와나쿠 유적이 창조의 장소라는 전설을 간직하고 있다는 사실을 접했다. 그런데 잉카인들은 그곳이 아니라 거기서 조금 떨어진 태양의 섬이 창조의 장소인 줄 알고 있었다. 그렇다면 도대체 두 곳 중에 어느 곳이 원조인 '최초 창조의 장소'

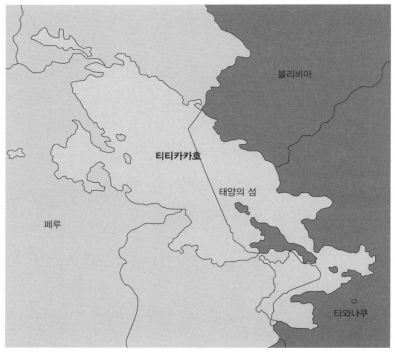

티티카카호와 주변 지도.

인 것일까?

그레이엄 핸콕은 두 곳을 두루뭉술하게 엮어서 모두 최초의 창조와 관계있다고 주장한다. 그는 태양의 섬이 최초 창조의 성지이며, 티와나쿠는 창조 후 최초로 세워진 도시라고 하면서 이 둘이 분리되어 있다고 보지 말고 '거대한 영적 지리학적 구도'에서 함께 묶어서 생각해보자고 제안한다. 그는 이런 시각에서 바라보면 고대 이집트인들이 헬리오폴리스Heliopolis와 같은 신성 도시를 눈Nun의 바다에서 높이 솟은 최초 창조의 장소에 위치한 도시로 보았던 것과 다름없다고 주장한다.[300] '거대한 영적 지리학적 구도'도 좋지만 그렇게 봐주기에는 태양의 섬은 티와나쿠에서 좀 너무 멀리 떨어져 있다. 무엇보다도 고대 이집트인들의 종교적 견해와 정확히 일치하는 구도로 가려면 티와나쿠 유적이 태양의 섬 위에 지어졌어야 한다.

결국 태양의 섬이든 티와나쿠든 어느 둘 중의 하나가 원조인 최초 창조의 장소여야 하며, 나머지 한 곳은 그런 반열에서 제외되어야 한다. 나는 태양의 섬이 나중에 잉카인들에 의해 만들어진 대체적 성지이며, 티와나쿠가 바로 원래의 최초 창조의 장소라고 생각한다. 왜냐하면 티아누쿠는 '산사자 고원 분지'를 의미하며 알티플라노고원을 가리키는데, 바로 티와나쿠 유적이 이를 상징하고 있다고 판단하기 때문이다. 아카파나 피라미드는 안데스 산지를 형상화한 것으로 보이며, 그 중앙의 움푹 팬 저수조는 물로 가득 찬 알티플라노고원을 나타낸 것이 틀림없다. 오랜 옛날의 알티플라노고원은 지금보다 훨씬 수량이 풍부해 마치 거대한 저수조처럼 보였을 것이다. 그런데 특별한 이유 때문에 '산사자 바위'라 불리는 태양의 섬이 이 원조 '산사자 고원' 상징 유적이 세워진 지역을 후세에 대체하게 된 것이라고 나는 생각한다.

아마도 잉카인들은 안데스 원주민들의 전설에 등장하는 섬이 티티카카호 안에 있는 섬들 중 하나라고 생각했으며, 그곳이 티와나쿠라고는 전혀 생각하지 못한 것 같다. 잉카인들이 안데스에서 그들의 문명을 건설할 시기에 티와나쿠는 오늘날에도 그런 것처럼 섬이 아니었기 때문이다. 하지만 아주 오래 전에 티와나쿠가 섬이었던 때가 있었다.

| 티와나쿠는 원래 섬이었다 |

포스난스키는 티와나쿠에 항구가 있었다고 생각했다.[301] 실제로 배의 접안接岸 시설과 호안공 같은 거대한 항만 시설이 남아 있기 때문에 항구였다는 사실에 의심의 여지가 없다고 핸콕은 단언한다. 현재 티티카카호는 티와나쿠에서 20여 킬로미터 떨어져 있는데 이는 그동안 티티카카호의 물이 줄어들었고, 또 다른 한편으로 티와나쿠 인근의 지형 융기 등으로 티와나쿠가 수면보다 30미터 정도 높은 곳에 위치

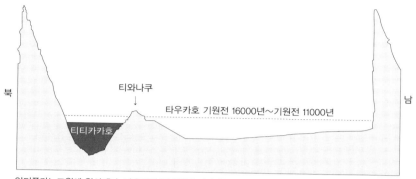

알티플라노고원에 원시 호수 타우카가 존재했던 시기에는 티와나쿠가 섬이었다.

하기 때문이다.[302]

짐 알렌에 의하면 기원전 11000년에서 기원전 9500년경까지 알티플라노고원에 '코이파사'라는 원시 호수가 존재했으며, 이때는 대홍수기로서 티와나쿠가 위치한 일대를 포함하여 알티플라노고원의 대부분이 물에 차 있었다고 한다. 그 이후부터 건기와 습기를 반복하면서 호수의 수량이 점차 줄어들었고, 오늘날의 티티카카호와 푸포호가되었다. 그렇다면 기원전 11000년 이전에는 어떤 모습이었을까?

기원전 16000년경부터 기원전 11000년경까지 그곳에는 '타우카'라는 원시 호수가 존재했는데, 이때의 수량은 코이파사 때보다 적었고 위의 그림에서 보듯이 티와나쿠가 위치한 일대가 마치 섬처럼 호수 가운데에 존재했었다고 한다.[303] 따라서 티와나쿠가 섬이었다는 안데스 원주민들의 전설은 바로 이 시기를 가리키며, 그때 문화영웅 오시리스가 그곳에 있었을 것이다.

| 2만 년 전의 문화영웅 오시리스 |

고대 이집트인들은 오시리스가 실존했던 인물이라고 철석같이 믿고 있었다. 헤로도토스는 이집트인들이 "고대 이집트의 아마시스 왕 시절보다 1만 5,000년 전에 오시리스가 살았다고 주장하면서 자신들의 기록은 절대 틀림없다고 강조했다"고 적고 있다.[304] 아마시스는 고대 이집트 26왕조의 다섯 번째 왕으로 그가 살던 시기는 대략 기원전 550년 전후로 알려져 있다. 따라서 헤로도토스의 기록이 가리키는 오시리스의 때는 대략 기원전 15500년경이 된다. 이 시기는 포스난스키가 주장한 티와나쿠 유적의 건설 연대와 상당히 일치하며 티와나쿠가 섬이었던 시기와도 잘 들어맞는다.

아마도 뛰어난 항해술과 탐험 정신으로 무장한 오시리스의 조상들은 1만 년 전 순다랜드에서 있었던 화산 폭발과 지진, 쓰나미에 의해 대규모 엑소더스가 일어나가 한참 전에 남미의 안데스까지 도달하여 티와나쿠에 최초로 터를 정했던 것 같다. 순다랜드에서 엑소더스가 일어나던 즈음에는 이미 이런 문화영웅들의 영웅담은 전설처럼 전해져서 순다랜드인들에게 회자되고 있었던 것으로 보인다. 특히 두드

러진 업적을 남겼던 문화영웅 오시리스의 안타까운 죽음에 대한 이야
기는 너무나도 극적인 것이라서 순다랜드인들이 고향을 등지고 세계
각처로 흩어졌어도 잊혀지지 않고 신화로 구전되었을 것이다. 그리고
이른바 4대 문명이 등장할 즈음에는 그는 신격화되어 신앙의 중요한
위치를 차지하게 되었으리라.

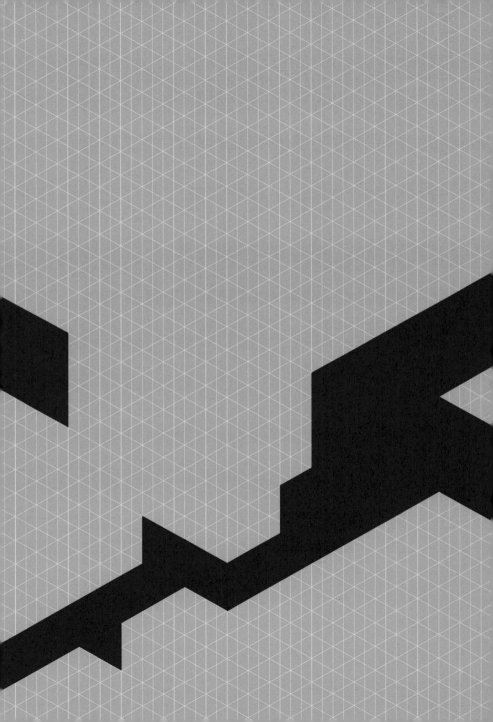

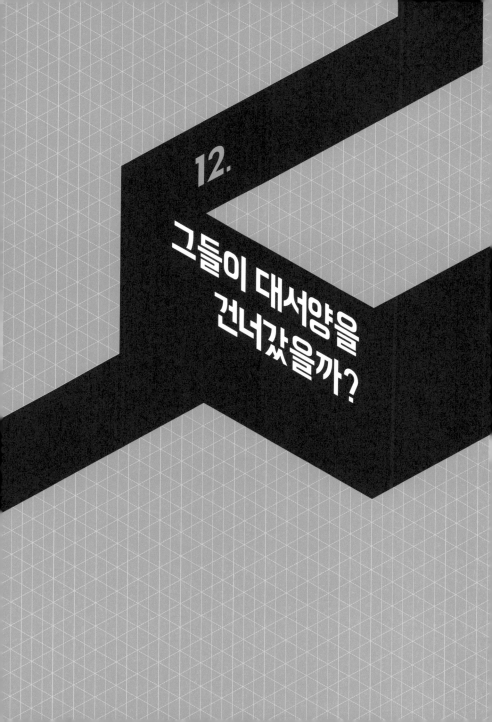

12.

그들이 대서양을 건너갔을까?

　제7장에서 기원전 10000년 이전에 순다랜드에서 아메리카 대륙에 진출한 이들이 어떤 경로로 그곳까지 도달했을지에 대한 여러 학자들의 견해를 살펴보았다. 최초의 아메리카인들이 시베리아에서 동진하여 육로로 베링해를 건넜다는 주류 학설은 최근 순다랜드로부터 항해를 해서 베링해 연안을 지나 아메리카 대륙으로 진입한 이들이 그 훨씬 이전에 있었다는 새로운 가설에 의해 폐기 처분될 상황에 놓였다. 한편 순다랜드로부터 이주한 이들이 남미에 주로 모여 있었다는 사실을 근거로 오스트레일리아를 거쳐 남극해 쪽으로 해서 남미로의 이주가 있었다는 주장이 제기되기도 했다. 그리고 주류 학계에서는 그 가능성을 희박하게 보지만 태평양을 거의 직선거리로 횡단해서 항해한 이들이 있었다는 가설도 있다.[305]

　그런데 지금까지 대부분의 관련학자들이 그 가능성을 전혀 고려하지 않았지만, 나는 당시 동남아시아인들이 대서양을 건너서 중남미로 진출했을 가능성이 있다고 생각한다. 그들이 오직 태평양 쪽으로만 진출했을 것이라는 생각은 편견이다. 7만 년 전 아라비아반도를 거쳐 남중국 해안을 지나 동남아시아에 정착했다면, 거꾸로 서진西進하여 아프리카 쪽으로 진출했을 가능성이 왜 없겠는가? 순다랜드와 안데스는 정확히 대척 지점에 놓여 있다는 사실을 감안하면 태평양 쪽으로 안데스까지 가는 것보다 인도양 쪽에서 대서양을 지나 안데스까지 가는 것이 거리 측면에서나 또는 항해 난이도 측면에서 상당히 유리하다.[306]

| 안데스는 대서양을 건너서도 갈 수 있다 |

순다랜드인들 중 뛰어난 항해술로 2만여 년 전부터 해상 교역을 주도했던 종족들의 항해 영역은 순다랜드가 바다 속에 잠기기 훨씬 이전에 이미 실론섬까지 도달했었다. 이들이 인도에서 북적도 해류를 타고 인도양을 가로지르거나 연안 항해를 통해 아프리카까지 도달하는 것은 크게 어렵지 않았을 것이다. 문제는 남미 안데스 지역에 도달하려면 아프리카 대륙을 통과하거나 우회하여 가야 하는데 이 문제를 어떻게 해결했을까 하는 것이다.

아마도 그들은 아굴라스 해류를 타고 아프리카 대륙 동안을 빙 돌아서 희망봉까지 도달한 후 벵갈 해류를 타고서 서안을 따라 북상했을 것이다. 이런 항로는 바스쿠 다 가마Vasco da Gama가 인도 항로 개척 시 귀환할 때 사용한 항로이기도 하다. 내가 이런 항로를 가정하는 것은 〈강리도〉에 표현된 아프리카 남부 해안선에 그 당시 항해자들의 기억이 반영되어 있다고 생각하기 때문이다.

벵갈 해류는 적도 부근 조금 못 미쳐서 남미 쪽으로 향하며 브라질 해류와 만난다. 따라서 순다랜드인들은 이 해류를 타고 남미로 넘어갔을 것이다. 그다음 가능한 여정으로 아마존강을 주목할 필요가 있다. 풍수기豊水期일 때 아마존강의 일부 지류의 상류 유역에서 티티카카호까지 거리는 200킬로미터 이내이기 때문에 대서양 하안에서 아마존강 줄기를 타고 상류까지 올라간다면, 최대한 뱃길을 이용하여 안데스까지 접근할 수 있다. 물론 이런 항로는 단지 추정일 뿐이며, 이런 추정을 뒷받침할 물질적 증거는 존재하지 않는다.

| 지중해와 메소포타미아, 티티카카호 커넥션 |

1966년 캘리포니아주립대학의 인류학자 로웨J. H. Lowe는 〈아메리칸 앤티쿼티American Antiquity〉지 1월호에 게재한 논문에서 고대 안데스 지역

과 중세 이전의 고대 지중해 연안 지역 사이에 존재하는 놀라울 정도로 유사한 문화적 특색들 60여 가지를 열거했는데, 그중에는 가죽신, 로프 등과 함께 갈대배가 포함되어 있다.

로웨에 따르면 갈대배의 '디자인과 제조법에 있어서 매우 두드러진 유사성이 엿보인다very specific resemblances in design and manufacture can be traced'는 것이다.[307] 이와 같은 유사성을 어떻게 설명할 수 있을까?

지도 전문가 짐 알렌은 오래 전 안데스 알티플라노고원에서 티티카카호와 그 아래쪽의 푸포호, 그리고 이를 잇는 데사구아데로강을 주 활동 무대로 하여 갈대의 섬들에서 살았던 우루–치파야족들의 삶이 고대문명 전파와 관련이 있다고 주장한다.

현재 그들의 후손들은 아이마라족에 동화되어 살고 있지만, 원래 우루족의 전설에서 그들이 티와나쿠문명을 일으켰다고 한다. 그런데 짐 알렌은 현재 우루족의 생활환경이나 문화가 고대 메소포타미아의 우르에 살았던 수메르족과 매우 유사하다는 사실에 주목한다. 그래서 그는 이런 것들이 티와나쿠의 건설자들의 자취뿐 아니라 수메르인들의 자취라 해도 손색이 없다고 말한다.[308] 그렇다면 그가 지적하는 유사성은 무엇일까?

앞에서 텍스코코호의 '떠 있는 섬'의 기원을 티티카카호의 우루족에서 찾아볼 수 있다고 지적한 바 있다. 그런데 고대 메소포타미아 전통을 이어받은 생활 방식을 고수하며 이라크의 남부 늪지에 살고 있

티티카카호 우루족들이 갈대를 엮어 만든 매트를 호수 위에 연결하여 띄워 만든 떠 있는 섬 '치남파스'.
© Will Meadows.

는 마단족 또는 마시 아랍족들도 오늘날에도 호수에 떠 있는 갈대 매
트 위에서 생활하고 있다.

　또한 양 대륙에서 만들어 사용했던 갈대배에도 놀라울 만큼 유사
성이 있다. 기원전 3000년경인 고대 메소포타미아 시대에 갑판에 감
긴 로프 줄에 당겨져서 뱃머리와 고물이 휘어져 높이 올라간 커다란
갈대배가 사람이나 가축을 운반하는 데 사용되었을 가능성은, 당시
제작된 실린더 봉인 문양에서 찾아볼 수 있다.[309] 오늘날 티티카카호
우루족이 만드는 배는 규모가 작을 뿐 마치 고대 메소포타미아 실린
더 봉인을 참조라도 해서 만든 것처럼 그 형태가 놀라울 만큼 똑같다.
그런데 이런 형태의 배는 잔잔한 호수나 늪지용으로만 사용하기에는

아까울 정도로 그 성능이 뛰어나다.

| 고대 이집트와 티티카카호 커넥션 |

쿠프 왕의 태양선으로 알려진 목선이 기자 피라미드 근처에서 발견되었다. 이 목선은 파피루스 갈대배를 흉내 낸 것으로 용골이 없는 대신 높게 휘어져 솟은 뱃머리가 갈대를 엮은 모양을 하고 있고, 같은 모습으로 높이 솟은 고물은 선체를 이루는 목재에 직접 박혀 있었다.[310] 이 선박이 실제로 사용되었는지 아니면 종교 의례용으로 제작되었는지에 대해 학계에서 논란이 되고 있다. 그런데 크기로만 본다면 길이가 43미터나 되는 이 선박은 충분히 대양 항해에 사용될 수 있다.[311] 그렇다면 그 형태로서는 대양 항해에 적합할까?

그레이엄 핸콕은 티티카카호의 수리키섬 사람들이 제작하여 사용하고 있는 갈대배가 고대 이집트의 벽화에 등장하는 갈대배와 외형상 동일하다는 사실을 발견하고 놀랐다고 기술한 바 있다.[312]

고대 이집트 벽화의 갈대배는 뱃머리와 고물이 낮은 것, 그리고 고대 메소포타미아에서 사용되었다는 것과 같이 뱃머리와 고물이 갑판에 감긴 밧줄에 당겨져서 모두 높게 휘어져 올라가 있는 것 두 종류다. 핸콕이 지적한 종류는 뱃머리와 고물이 높은 것이다.

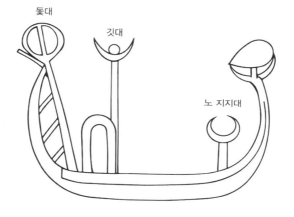

돛대

깃대

노 지지대

돛대

노

이물과 고물이 높게 제작된 고대 이집트(위)와 메소포타미아 신화 속의 갈대배들(아래).[313]

티티카카호 우루족들이 갈대를 엮어 만든 높은 고물의 배. 고대 이집트와 메소포타미아에서 묘사된 갈대배들에서 돛대와 종교 상징 장식물들을 제거하면 기본적인 형태가 동일함을 알 수 있다.

그런데 사실 높은 고물의 배들은 늪지에서 사용하기보다는 대양 항해용으로 적합하다. 이런 사실은 토르 헤위에르달에 의해 증명되었다. 그는 수메르와 메소포타미아의 벽화 등 기록을 참고하여 뱃머리와 고물이 휘어져 높이 올라간 갈대배를 만들어서 대양 항해에 도전했는데, 문제가 생겨 고물을 잡아당겨 높게 유지시켜주는 줄을 풀자 고물이 바닷물에 잠기고 배가 한쪽으로 기울기 시작했다. 높이 휘어져 올라간 뱃머리와 고물은 배가 거친 파도에도 복원력을 유지할 수 있는 중요한 역할을 한다는 사실이 그의 실험고고학적 접근에 의해 밝혀진 것이다.[314]

| 대서양을 갈대배로 건넌 헤위에르달 |

1970년대에 토르 헤위에르달은 고대의 고물 높은 갈대배들이 대양 항해용으로 사용되었을 가능성이 있다는 사실에 주목했다. 구대륙과 신대륙에 매우 유사한 양식의 갈대배가 존재한다면 그것은 어떤 교류에 의한 것으로 보이는데, 만일 갈대배가 대양 항해에 사용될 수만 있다면 정말로 그런 교류가 가능했다는 유력한 증거가 아니겠는가?

토르 헤위에르달은 아프리카의 대서양 쪽에 있는 모로코와 멕시코에도 이런 유사한 형태의 갈대배가 제작되었다는 사실을 발견하고, 과거 언젠가 갈대배를 타고 모로코에서 멕시코로 대양 항해를 한 항해자들이 있었을 것으로 추정했다. 그는 이를 실험적으로 보여주기 위해 '라_{Ra}'라는 이름을 붙인 10미터가 넘는 길이의 갈대배를 만들었고, 한 번의 실패를 겪은 끝에 1970년에 대서양 횡단에 성공했다.[315] 그렇다면 도대체 그 먼 옛날 누가 어디서부터 어떤 경로로 이런 항해를 했단 말인가? 헤위에르달은 지중해의 사르디니아와 그리스 섬들에서도 갈대배를 만드는 전통이 존재했음을 확인하고, 메소포타미아에서 이집트, 지중해, 모로코, 멕시코, 최종적으로 안데스를 잇는 대항해 루트가 존재했을 것으로 추정했다.[316] 만일 이런 항해가 고대 이집트나 메소포타미아의 신화와 관련된 묘사 속에서처럼 신들의 시대부터 이루어졌다면, 항로는 순다랜드까지 좀 더 연장시킬 수 있을 것이다. 실제로 최초의 대양 항해자들의 정체와 관련해 헤위에르달은 의미심장한 언급을 한 바 있다. 그는 자신이 만든 배의 이름 '라'가 고대 이집트의 태양신 이름이기도 하지만 폴리네시아의 태양을 가리킨다는 사실을 지적하며 어떤 연관성을 암시했다. 근대 이전에 대양 항해에 있어 가장 뛰어난 능력을 발휘한 이들이 폴리네시아인들이었으며, 이들의 먼 조상은 원래 순다랜드 동쪽 끝의 라피타인들이었다. 이제 순다랜드를 최초 기점으로 해서 초고대문명인들의 대항해 루트를 설정해볼 필요가 있다.

| 메소포타미아와 이집트를 거처 안데스로 |

토비 윌킨슨Toby Wilkinson 같은 이집트학 학자는 홍해와 접해 있는 이집트 나일강 동쪽 사막 지역에서 발견되는 암벽화에서 이집트 신화 속에 등장하는 많은 모티브들을 발견할 수 있다고 지적한다. 이 암벽화들은 기원전 4000년 이전에 그려진 것으로 추정되므로 그는 고대 이집트 왕국의 기원을 이곳에서 찾아야 한다고 주장한다.[317] 그런데 왜 하필이면 그곳이 홍해와 접한 지역이며, 그런 암각화의 대부분이 높은 고물의 갈대배들인 것일까? 고대 이집트에서 이런 배들은 파라오의 조상인 신들이 타고 항해했다고 기록되어 있다. 특히 호루스는 라

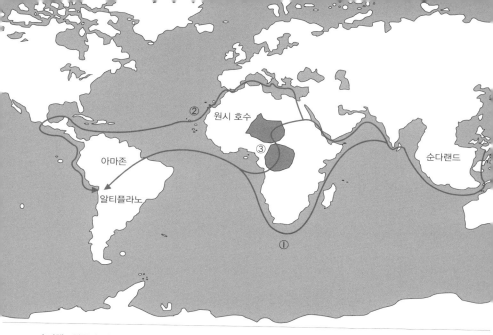

순다랜드인들이 대서양 항로를 이용해 안데스로 진입했을 세 가지 가상 경로. ① 희망봉 경유 항로 ② 지중해 경유 항로 ③ 아프리카 원시호 경유 항로.

의 태양 배를 타고 대양 항해를 하여 하계 너머의 세상까지 도달했다고 한다. 따라서 홍해에 접한 나일강 동쪽 사막은 고유한 이집트문명 발상지라기보다, 먼 옛날 신들로 불린 초고대문명인들이 인도양으로부터 상륙하여 지중해로 이동하기 위해 구축해놓은 이동 경로상의 중요 포스트가 아니었을까?

이런 측면과 관련해 월리스 버지는 의미심장한 주장을 했다. 그는 호루스와 관련된 전설이 어떤 역사적인 사건들을 배경으로 하고 있을 수 있으며, 그의 무리들은 신화 속에서 '대장장이들'라 불리고 있음을 지적한다. 그는 이와 관련해서 다음과 같이 말했다. "물론 이집트 땅 전체를 휩쓴 이 대장장이들이 누구였는지, 또 그들이 어디서 왔는지에 대해서 말하긴 어렵다. 하지만 기록자는 그들이 선왕조시대 때 동쪽의 나라에서 홍해를 통해 이집트 땅으로 유입되었다고 말하고 있다…… 그들은 금속 제련과 벽돌 제작 등의 기술을 보급했다고 한다."[318] 그런 측면에서 보면 수메르문명이 꽃핀 남부 메소포타미아도 이런 이동 경로상의 핵심 포스트였을 수 있다.

혹자는 초고대문명인들이 지구의 크기를 측정하고, 고경도 석재를 가공하고, 초정밀 건축을 할 정도 수준이었는데, 굳이 원시적인 갈대 배를 대양 항해에 이용했겠느냐고 의문을 제기할지 모른다. 하지만 갈대는 오늘날 관점에서 바라봐도 휴대형 레저용 선박 재료로는 최상급의 천연 고기능 소재다. 우선 속이 비어 있는 구조로 비중이 매우 낮아 물에 잘 뜬다. 주요 루트를 연안 항해에 의존해야 했을 당시를 고려하면, 질긴 소재라 암초에 걸리거나 내륙 쪽으로 몰아치는 돌발성 파도에 의해 절벽에 부딪혀도 크게 파손되지 않는다. 가벼워서 내륙에서 종종 끌거나 짊어지고 이동하기에도 편하다. 호숫가, 하천가, 해안가 등 배가 이동하는 경로상에서 쉽게 구할 수 있어 배의 수선 및 추가 제작 재료 공급이 용이하다. 가벼워 무풍지대에서 노를 저어 배를 이동시키는 것도 비교적 용이하다. 장시간 대양 항해 때 물이 새들어갈 수 있으나 배 밑면의 갈대들을 역청이나 고무나무 진으로 얇게

코팅하면 비교적 장기 항해에도 견딜 수 있다.

순다랜드로부터의 초고대문명인들은 인도양에서 북적도 해류를 타고 항해하다가 남부 메소포타미아에 도달했을 것이다. 그들은 다시 이곳에서 홍해 쪽으로 진입한 후 이집트 동부 해안으로 상륙한 다음, 갈대배를 끌고 나일강까지 이동한 후 나일강 줄기를 타고 지중해까지 이동했을 것이다. 실제로 고대 이집트 암각화 중에는 여러 선원들이 지상에서 줄로 배를 끌고 이동하는 장면들이 존재하며, 이런 모습은 하계와 관련된 고대 이집트 문서에서도 확인된다. 지중해의 그리스와 사르디니아를 거쳐서 이들은 지브롤터해협을 빠져나와 대서양으로 진입했을 것이며, 카나리아 해류를 타고 아프리카 쪽 모로코 해안으로 남진하여 콜럼버스가 했던 것처럼 카나리아군도 인근에서 대서양 북적도 해류를 타고 비교적 빠른 속도로 카리브해까지 항해했을 것이다. 그들은 멕시코만으로 진입하여 멕시코 땅에 상륙한 후 배를 끌고 도보로 서진하여 태평양으로 진입, 다시 배를 타고 남하하여 남미의 페루 해안에 도달한 후 도보로 안데스 산지로 진입하여 알티플라노고원까지 도달했을 것이다.

초고대의 문화영웅이 대서양 경로를 택했을 가능성을 제기하는 것은 항해상 유리하다는 측면도 있지만, 고대 이집트인들의 신앙과 관련한 근거 또한 있다. 고대 이집트인들은 나일강 서쪽에 오시리스의 장례 신전을 건축하고 제의를 거행했다. 파라오가 죽으면, 그를 미라로 만들고 오시리스와 동일화한 다음 그것을 태운 배로 나일강 동쪽에서 서쪽으로의 도강을 해서 장례 신전으로 향했다. 파라오의 미라를 태운 배는 태양 배이며, 이 배의 나일강 도강은 상징적인 대양 항해를 의미했다.

고대 이집트인들은 오시리스의 왕국이 태양이 자정에 도달하는 지점임을 알고 있었으나 형식적으로는 서쪽 끝 땅에 존재한다고 간주했다. 이와 같은 전통은 오시리스와 나중에 그의 후손들이 서쪽 항로를 택해서 이동했다고 그들이 믿고 있었기 때문에 생긴 것이 아닐까?[319]

나는 고대 이집트 신화 속 호루스의 대항해가 순다랜드인들이 상계인 순다랜드에서 하계인 안데스 산지의 산사자 고원 분지까지의 역정을 담고 있다고 생각한다. 지금까지 여러 정황 근거를 토대로 재구성해본 그들의 대서양 방향의 행로는 다음과 같은 두 가지로 정리할 수 있다.

① 순다랜드→인도 실론섬→아프리카 소팔라 인근→아프리카 희망봉→아프리카 서해안→대서양 횡단→남미 브라질 아마존강→안데스 알티플라노고원.

② 순다랜드→인도 실론섬→메소포타미아 남부→홍해→이집트 동해안→나일강→지중해→그리스, 사르디니아→지브롤터해협→모로코 서해안→대서양 횡단→카리브해→멕시코만→멕시코→태평양→페루 서해안→안데스 알티플라노고원.

그런데 이 초고대문명인들이 1만여 년 전에 존재했던 아프리카 대륙의 내해들에 대해서 알고 있었다면, 이들이 이 두 가지 경로 이외에 제3의 경로를 택했을 가능성이 있다.

차드호와 티티카카호 커넥션

헤위에르달은 '라' 항해를 계획할 때 이집트 벽화뿐 아니라 당시 사하라사막 한가운데 차드호에 살고 있던 원주민들이 제작해 사용하고 있던 갈대배도 중요한 참고 자료로 사용했다.[320] 나아가서 그는 '라'호를 제작하는 데 차드호 주변에 사는 원주민들을 모로코 원주민과 티티카카호 수리키섬 원주민들과 함께 참여시키기도 했다.[321] 만일 이집트

동부 해안에 상륙한 순다랜드인들이 나일강을 타고 지중해로 이동했다면, 이들이 나일강에서 멀리 떨어진 차드 지역까지 영향을 미쳤을 가능성이 없어 보인다. 도대체 차드 지역에 거주하는 원주민들은 갈대배 제작에 관한 기술을 어떤 경로를 통해 습득한 것일까?

고대 이집트 《하계의 서》들에는 하계에 진입하고 나서의 처음 3시간에 관한 지리적 정보가 상세하게 기록되어 있다.

처음 1시간 동안 약 1,200킬로미터의 육지를 이동하고 나서 그 다음 1시간 동안은 초거대 호수를 지나는 것으로 되어 있다.[322] 이 호수는 '라 신의 수로Waterway of Re'라고 불린다. 이 호수 가장자리에는 초목이 푸르게 자라고 있다고 묘사되어 있다. 그리고 세 번째 시간에 또 다른 초거대 호수를 지나는데 이 호수의 이름은 '오시리스의 수로'다. 토마스 쉬나이더Thomas Shneider는 기원전 2000년경에 나일계곡에서 서쪽으로 1,000킬로미터 이상 떨어져 있던 보델레호와 그 서남쪽의 차드호가 각각 '라의 수로'와 '오시리스의 수로'였다고 주장한다.[323]

쉬나이더는 아마도 《하계의 서》들이 기원전 2000년경에 쓰여졌기 때문에 당시의 지리적 배경을 토대로 이런 가설을 세운 것 같다. 하지만 《하계의 서》들은 그것이 기록되었던 시기를 기준으로 해서 까마득한 옛날인 신들의 시대를 배경으로 하고 있으며, 그런 지리적 배경을 고려해야 한다고 나는 생각한다. 따라서 쉬나이더의 주장은 신들, 즉 순다랜드인들이 전 세계를 누비고 다녔던 시대에 맞게 고쳐져야 마땅하다고 본다.

　나는 제1장에서 지금으로부터 1만 년 전쯤에 아프리카 대륙 한가운데 전체 대륙 크기의 20퍼센트에 육박하는 초거대호들이 존재했다는 사실을 언급한 바 있다. 나는 《하계의 서》의 시대적 배경이 대략 이때였을 것으로 본다. 이 경우 '라의 수로'와 '오시리스의 수로'가 각각 '초거대 차드호'와 '콩고호'일 것이다.

　쉬나이더는 하계의 첫 번째 시간을 정의할 때 별다른 지리학적 고려를 하지 않고 있다. 오늘날 지리학적 정의에 따르면, 하계의 첫 번째 시간이 시작되는 곳은 내가 서쪽 지평선으로 넘어가고 있는 태양을 바라보고 있을 때 그 태양이 남중南中해 있는 지역이다. 즉, 지금 내가 있는 곳보다 서쪽으로 경도가 90도만큼 더 큰 지역이다. 따라서 쉬나이더처럼 경도가 동경 33도 정도 되는 나일계곡을 기준으로 한다면, 하계의 첫 번째 시간은 서경 67도 정도 되는 곳에서 시작되어야 한다. 대략 브라질 땅 어디쯤에 해당한다. 하지만 그 기준점을 순다랜드의 동쪽 끝 항해 민족들의 본거지가 위치했던 동경 120도 근처로 설정하면, 하계가 동경 30도 정도에 위치한 나일강 서쪽에서 시작된다. 1만 년 전 차드호의 동쪽 끝은 동경 18도 정도에 위치해 하계의 시작점에서 대략 1,200킬로미터 정도 떨어져 있었다.

　만일 초고대의 순례자들이 초거대 차드호 쪽의 경로를 택했다면, 그들은 나일계곡에서 육로를 통한 남서쪽으로의 약 1,500킬로미터

거리를 이동하여 초거대 차드호로 진입하고, 그곳에서 다시 남서쪽으로 1,500여 킬로미터의 해로를 통해 이동한 다음, 콩고호로 넘어가 남서쪽으로 1,500여 킬로미터를 이동했을 것이다. 그다음 콩고강을 따라서 대서양으로 진입해 그곳에서 남적도 해류를 타고 브라질로 넘어갔을 것이다.[324] 그 이후의 행로는 아마존강을 상류까지 거슬러 올라가 알티플라노고원으로 행했을 것이다.

에덴이 그곳에 있었다

1997년 여름, 나는 KBS 다큐멘터리 팀과 함께 영국 콘월에 있는 《신의 지문》의 저자 그레이엄 핸콕의 집을 방문해 그를 직접 인터뷰한 적이 있다. 2년 전에 나온 그의 책이 세계적인 베스트셀러가 된 시점이라 그는 매우 바빠 보였다. 그는 출판사와 세 권의 책을 내기로 계약을 했는데 공교롭게도 우리 일행이 찾은 때가 탈고 시기와 겹쳤던 것이다. 나는 그의 책 결론에 대해 좀 불만이 있었던 터라 마지막에 시비를 걸어야겠다고 작심을 하고 갔는데, 바쁜 와중에도 1시간 넘게 시간을 할애에 성심껏 답변을 해주는 그의 태도에 마음을 누그러뜨리고 마지막 질문은 던지지 않았다.

내가 불만이 있었던 부분은 바로 신들의 아지트, 즉 초고대문명이 존재했던 곳이 남극 얼음 속 수천 미터 아래라는 그의 결론이었다. 한때 남극이 온난 지역이었고, 갑작스런 대륙 이동에 의해 극지로 밀려

가는 바람에 꽁꽁 언 얼음 밑으로 숨어버렸다는 것이다.《신의 지문》은 전반적으로 비교적 합리적인 추론에 의해 독자들을 신화화된 역사의 베일을 벗기는 작업에 동참시켰다. 하지만 마지막의 기괴한 결론으로 인해 나는 그 책이 미완未完이라고 느끼고 있었다. 하지만 핸콕을 면박 주는 대신 내가 직접 에덴을 찾아야겠다는 생각을 했다. 그래서 인터뷰를 마치고 나오며 나는 그에게 농담처럼 당신의 책이 미완성인데 내가 마무리를 해보겠다고 했었다. 그 마무리 작업의 결과로 이 책이 탄생했다.

최근 일본 아소산에서의 대규모 화산 폭발이 있고 나서 얼마 지나지 않아 남미 칠레에 대지진이 일어났다. 지구 반대편에 위치한 두 곳에서 발생했지만 이 자연재해들은 아주 긴밀한 연관이 있다. 두 곳 모두 이른바 환태평양의 '불의 고리'에 속해 있기 때문이다.[325] 2011년 일본 동북부, 그리고 2004년 인도네시아 수마트라섬에서 있었던 대지진과 대규모 쓰나미가 모두 바로 태평양 해저 지각의 가장자리를 잇는 환태평양 조산대인 '불의 고리'에서 일어나는 지각판들의 마찰 현상과 관련이 있었다. 21세기 접어들어 일어나는 이런 잦은 자연재해에 대해 단발성으로 끝날지, 앞으로 보다 대규모의 재해로 이어질지에 대한 갑론을박이 있는데, 후자 쪽일 가능성에 대한 우려의 목소리가 학계로부터 나오고 있다. 최근 들어 '불의 고리'에서 대규모 지진과 쓰나미, 그리고 화산 폭발이 빈발하는 것은 지구 온난화가 가장 큰 원인인 것으로 지목되고 있다. 남극과 북극의 빙산이 녹으면서 지구 전체적으로 지각의 균형이 무너지고 있고 그 결과 지각판과 판의 경계 면에서 응력應力 폭발이 잦아진다는 것이다.

그런데 인류가 기억할 수 있는 과거에 지구에는 환태평양 조산대에 속한 몇몇 지역에서 지각판들 간의 균형이 무너지며 대재앙이 일어났던 적이 있다. 약 1만 년 전 빙하기가 끝나고 해빙기에 접어들면서 녹은 빙하에 의해 해수면 상승이 있었고 그 결과 궤멸적인 규모의 화산 폭발, 지진, 그리고 쓰나미가 일어났던 것이다. 그로 인한 가장 큰 피해를 입었던 곳이 바로 순다랜드였다.

순다랜드는 당시 전 세계에서 인구밀도가 가장 높은 지역이었다. 빙하기가 한창이었던 7만 년 전 아프리카로부터의 이주민들이 대부분 따뜻한 곳을 찾아 이동하여 순다랜드에 정착했다. 순다랜드는 적도 근처라 따뜻하다는 점에 더하여 환태평양지구대에 걸쳐 있는 덕분에 높은 지열이 유지되어 그야말로 낙원이었다. 하지만 빙하기가 끝나가면서 잦은 지진과 화산 폭발, 쓰나미로 주거 환경이 열악해짐으로서 많은 이들이 그곳을 떠나게 되었다.

한편 안데스 지역은 2만여 년 전부터 광물 채석에 관심이 있는 순다랜드인들에게 잘 알려져 있었다. 뛰어난 항해술을 갖추고 있던 문화영웅들은 순다랜드를 벗어나 지구 곳곳을 탐험했는데, 안데스의 풍부한 광물자원 때문에 그들은 이곳의 알티플라노고원을 자신들의 주

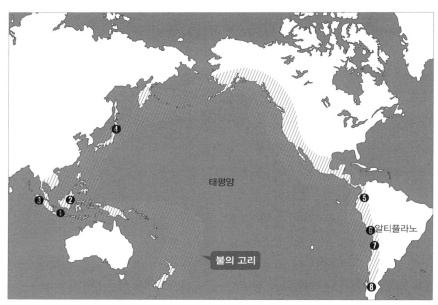

환태평양 조산대의 '불의 고리'. 2015년 발생한 주요 지진·화산 폭발 ① 인도네시아 테르나테 화산, 가
말라마 화산 분화 ② 인도네시아 지진 규모 6.4 ③ 인도네시아 라웅 화산 분출 ④ 일본 아소산 화산 폭
발 ⑤ 콜롬비아 네바도델루이스산 분화 ⑥ 페루 우비나스 화산 분화 ⑦ 칠레 지진 규모 8.3 ⑧ 칠레 칼
부코 화산 분화

요 거점으로 삼았다. 순다랜드의 여러 종족들 중에서도 이들의 문명 수준은 매우 높았기에 나중에 신격화되었다. 알티플라노고원 지대는 그곳 하부에 거대한 마그마가 존재했기에 비교적 따뜻하긴 했지만 높은 고도와 고원 분지라는 특수성 때문에 농업에 매우 불리한 여건이었다. 하지만 문화영웅들은 인공 수중 정원을 조성하여 이를 극복했다. 그곳에 조성된 '치남파스'가 바로 에덴동산의 정원이었던 것이다. 하지만 역시 빙하기가 끝나갈 때 대규모 지각 변동과 함께 화산 폭발이 일어나면서 한순간 지옥으로 돌변했다. 실낙원이 된 것이다. 그리하여 이곳은 후세에 신들의 낙원인 동시에 지옥으로 인식되게 되었다.

핸콕은 신들의 땅이 남극 대륙 얼음 밑으로 숨어버렸다고 결론지었다. 그곳을 제외하면 지구상 그 어느 곳에도 초고대문명이 번성할 수 있을 만큼 충분한 넓이의 땅이 존재하지 않는다고 생각했기 때문이다. 알티플라노고원은 그런 문명이 번성할 만큼 충분히 넓다. 핸콕은 아마도 지금 그곳이 허허벌판이라 거기에 상당한 규모의 문명이 존재했었을 것이라고 상상조차 못했을 것이다.

비록 지금은 해수면 상승으로 바다 속에 가라앉아 있지만, 오펜하이머는 1만 년 이전에 지구상에 문명은 순다랜드에만 있었고 그곳에 신화 속의 에덴동산이 존재했다고 주장한다. 하지만 나는 당시 문명의 두 축이 있었다고 생각하며 그중 하나는 순다랜드에, 그리고 다른 하나는 발밑의 땅인 하계Underworld의 안데스에 있었다고 본다. 이 중에

고대 메소포타미아인들이 생각한 파라다이스(에덴)의 모습. 사자의 몸통과 새의 얼굴과 날개를 한 신화 속 동물인 두 마리 그리핀들이 최고신 안으로 추정되는 존재를 호위하고 있으며 양 어깨에서 물줄기가 흐르는 상징으로 표시된 엔키 신이 그 앞에서 무릎을 꿇고 있다. 수메르 신화 속의 그리핀은 히브리 창세기에 등장하는 천사 케루빔의 원형으로 볼 수 있다(Cherub, Wikidepia, https://en.wikipedia.org/wiki/Cherub 참조). 고대 이집트 신들의 파라다이스처럼 수메르 신화의 파라다이스도 산봉우리들로 빙 둘러싸여 있음에 주목하라.[326]

서 안데스의 알티플라노고원은 그 산업적 중요성으로 인해 문화영웅들의 본거지가 되었으며, 하계의 '성스러운 산사자 고원 분지'로 불렸다. 그리고 이곳을 다스리는 이는 아사리(오시리스), 우안나(오안네스), 네르갈, 그리고 아다파 등으로 불렸다. 사자의 몸통을 하고 있는 두 천사 케루빔cherubim이 화염검을 들고 지키고 있었다는 에덴동산이 바로 알티플라노고원이었던 것이다. 지금까지의 논의를 종결지으며 마지막으로 나는 나 자신을 '에덴 추적의 종결자'라고 감히 선언하고자 한다.

- Abbott, M. B. & A. Wolfe. 2003. "Intensive pre-Incan Metallurgy Recorded by Lake Sediments from the Bolivian Andes. Science". vol. 301. pp.1893~1895.

- Aldenderfer, M. A. & Craig N. M. & Speakman R. J. & Popelka-Filcoff. R. 2008. "Four-thousand-year-old Gold Artifacts from the Lake Titicaca Basin. Southern Peru". Proceedings of the National Academy of Sciences. vol. 115. pp.5002~5005.

- Aldred, Cyril. 1965. *Egypt to the End of the Old Kingdom*. London: Thames and Hudson Ltd.

- Alford, Alan F. 2004. *The Midnight Sun: The Death and Rebirth of God in Ancient Egypt*. Eridu Books.

- Alford, Peter. 2014. Dig for Lost 'Pyramid' to Outlast a President. The Australian(October 11. 2014). http://www.theaustralian.com.au/news/world/dig-for-lost-pyramid-to-outlast-a-president/story-e6frg6so-1227086863630

- Allen, Jim M. 1998. *Atlantis: The Andes Solution*. W&N.

- Allen, Jim M. 2009. *Atlantis: Lost Kingdom of Andes*. Floris Books.

- Andel, Tjeerd H. Van. 1989. "Late Quaternary Sea-level Changes and Archaeology". Antiquity. vol. 63. issue 241. pp.733~745.

- Andreasen, Niels-Erik. 1981. "Adam and Adapa: Two Anthropological Characters". Andrews University Seminary Studies 19.3(Autumn 1981). pp.179~194.

https://faculty.gordon.edu/hu/bi/ted_hildebrandt/otesources/01-genesis/text/
articles-books/andreasen_adamadapa_auss.pdf

- Arago, F. 1834. *Astronomie Populaire. vol. I.* Paris.

- Aristotle, Jonathan Barnes ed. J. L. Stocks tr. 1984. *On the Heavens.* Book II. Chapter 14. 297b 26~298a 5. *The Complete Works of Aristotle: The Revised Oxford Translation. vol. 1.* Princeton University Press.

- Austi, Allen. 2011. *The Middle of the Earth.* Xulon Press.

- Baigent, Michael. 1998. *Ancient Traces: Mysteries in Ancient and Early History.* Viking.

- Bailey, James. 1973. *The God-kings & the Titans: The New World Ascendancy in Ancient Times.* New York: ST. Martin's Press.

- Bailey, James. 1995. *Sailing to Paradise: The Discovery of the Americas by 7000 B. C.* Simon & Schuster.

- Ballard, Chris & Brown, Paula & Bourke, R. Michael & Harwood, Tracy(ed). 2005. *The Sweet Potato in Oceania: a Reappraisal.* Oceania Publications and University of Pittsburgh. Rosebery. NSW. Australia.

- Bamford, Christopher & Critchlow, Keith & Macaulay, Anne. 1994. *Rediscovering Sacred Science.* Floris Books.

- Barker, Graeme. 2008. "Footsteps and Marks: Transitions to Farming in the Rainforests of Island Southeast Asia". Colloquium Series Fall 2008. pp.7~8. http://www.yale.edu/agrarianstudies/colloqpapers/03barker.pdf

- Barker, Graeme & Janowski, Monica(ed). 2011. "Why Cultivate?: Anthropological and Archaeological Approaches to Foraging-farming Transitions in Southeast Asia". McDonald Institute for Archaeological Research. United Kingdom. http://austronesian.linguistics.anu.edu.au/historydownloads/Barton_Denham_2011.pdf

- Bauval, Robert G. 2001. "Carbon-14 Dating the Giza Pyramids? The Small Relics Found Inside The Pyramids". Discussions in Egyptology. Oxford. vol. 49.

pp.6~21. http://robertbauval.co.uk/articles/articles/DE49.html

- Begley, Sharon & Murr, Andrew. 1999. The First Americans. Newsweek(June 7. 1999). pp.56~71.

- Bernstein, Richard. 1998. The Map Maker's Vision, Skewed Yet Indomitable. New York Times(June 24. 1998). http://www.nytimes.com/books/98/06/21/daily/whitfield-book-review.html

- Betro, Maria C. 1996. *Hieroglyphics: The Writings of Ancient Egypt*. Abbeville Press.

- Blaha, Stephen. 2007. "The Origins and Sequences of Civilizations". Comparative Civilizations Review. vol. 57. pp.70~91.

- Borg, Jim. 2001. Clues to a Polynesian-American Migration. Starbulletin.Com(July 15. 2001). http://archives.starbulletin.com/2001/07/15/editorial/special2.html

- Bottéro, Jean. 1995. *Mesopotamia*. The University of Chicago Press.

- Bottéro, Jean. 1995. *The Oldest Cuisine in the World: Cooking in Mesopotamia*. The University of Chicago Press.

- Breasted, J. H. & Allen, T. G(eds). 1932. *Studies in Ancient Oriental Civilizations*. *vol. 4*. Oriental Institute of the University of Chicago.

- Brown, L. A. 1979(originally published in 1949). *The Story of Maps*. New York: Dover publications.

- Brown, Ronald A. & Alok, Kumar. 2011. "A New Perspective on Eratosthenes' Measurement of the Earth". The Physics Teacher. vol. 49. pp.445~447. http://depa.fquim.unam.mx/amyd/archivero/Articulo_02_17397.pdf

- Budge, E. A. Wallis. 1905. *The Egyptian Heaven and Hell. vol. III: The Contents of the Books of the Other World Described and Compared*. Kegan Paul Trench Trubner & Co.

- Budge, E. A. Wallis. 1906. *The Egyptian Heaven and Hell. vol. II: The Short Form of the Book Am-Tuat and the Book of Gates*. Books on Egypt and Chaldaea.

- Budge, E. A. Wallis. 1925. *The Rise and Progress of Assyriology*. Ams Pr Inc.

- Budge, E. A. Wallis. 1969(originally 1904). *The Gods of the Egyptians*. vol. I. Dover Publications Inc.

- Budge, E. A. Wallis. 1973(originally 1911). *Osiris & the Egyptian Resurrection*. vol. I. Dover Publication, Inc.

- Budge, E. A. Wallis. 1988(Originally 1934). *From Fetish to God in Ancient Egypt*. Dover Publications.

- Buissere, David. 2003. *The Mapmakers' Quest: Depicting New Worlds in Renaissance Europe*. Oxford University Press.

- Buissere, David. 2010. "Secret Science: Spanish Cosmography and the New World (review)". Technology and Culture. vol. 51. no. 4. pp. 1021~1023.

- Bunson, Margaret. 2009. *Encyclopedia of Ancient Egypt*. Infobase Publishing.

- Campbell, Joseph. 1988. *Historical Atlas of World Mythology*. vol. 2. Harpercollins; BOMC edition.

- Childress, David Hatcher. 2011. "Sumerian Monolith Found at Tiwanaku". World Explorer. vol. 5. no. 9. pp.51~52.

- Childress, David Hatcher. 2012. *Ancient Technology in Peru and Bolivia*. IL: Adventures Unlimited Press.

- Clark, E. J. & Agnew, B. Alexander. 2011. *The Ark of Millions of Years*. vol. 4: *Book of Updates*. AuthorHouse.

- Clark, Somer & Engelbach, R. 1990(originally in 1930 by Oxford University Press). *Ancient Egyptian Construction and Architecture*. New York: Dover Publications Inc.

- Clow, Barbara Hand. 2001. *Catastrophobia: The Truth Behind Earth Changes*. Inner Traditions / Bear & Co.

- Cochran, Ev. 1997. *Martian Metamorphoses: The Planet Mars in Ancient Myth and Religion*. Aeon Press.

- Coles, John M. 1980. *Experimental Archaeology*. Academic Press.

- Colins, Andrew. 1998. *Gods of Eden: Egypt's Lost Legacy and the Genesis of Civilization*. Headline Book Publishing.

- Cooke, C. A. & Abbott, M. B. & Wolfe, A. P. & Kittleson, J. L. 2007. "A Millennium of Metallurgy Recorded by Lake Sediments in Morococha, Peruvian Andes". Environmental Science and Technology. vol. 41. pp.3469~3474.

- Dalley, Stephanie. 1989. *Myths from Mesopotamia*. Oxford World's Classics.

- Dalley, Stephanie. 2000. *Myths from Mesopotamia: Creation, the Flood, Gilgamesh, and Others*. Oxford University Press.

- Daniken, Erich von. 1999(originally 1968). *Chariot of the Gods?* Berkley Trade. http://sites.matrix.msu.edu/pseudoarchaeology/files/2010/08/Erich-Von-Daniken-Chariots-Of-The-Gods.pdf

- Danver, Steven L. 2010. *Popular Controversies in World History: Investigating History's Intriguing Questions*. ABC-CLIO.

- David, Ann Rosalie. 1986. *Science in Egyptology*. Manchester University Press.

- Davidovits, Joseph & Morris, Margie. 1988. *The Pyramids: An Enigma Solved*. Hippocrene Books.

- Davies, Nigel. 1997. *The Ancient Kingdom of Peru*. Penguin Books.

- Dewanto, Rudy. 2009. Enhance the Attraction of Cetho Temple thus Enabling It to Self-finance Its Own Maintenance Expenses. http://www.hdm.lth.se/fileadmin/hdm/alumni/papers/CMHB_2008b/12_Rudy_Dewanto-_Cetho_Temple.pdf

- Dief, Assem. 2007. "Mathematics in Ancient Egypt: Did the Ancient Egyptians Possess an Ingenious Skill for Calculation?" Al-Ahram Weekly Online. Issue no.

829. 25~31 January. http://weekly.ahram.org.eg/2007/829/hr1.htm

- Dilke, O. A. W. 1987. *Mathematics and Measurement*. British Museum Press.

- Ding, Z.-L. et al. 2012. "Origins of Domestic Dog in Southern East Asia is Supported by Analysis of Y-chromosome DNA." Heredity. vol.108, pp.507~514. http://www.nature.com/hdy/journal/v108/n5/full/hdy2011114a.html

- Dreyer, J. L. E. 1914. "The well of Eratosthenes". The Observatory. vol. 37. pp.352~353. http://adsabs.harvard.edu/full/1914Obs.37.352D

- Drake1, Nick & Bristow, Charlie. 2006. "Shorelines in the Sahara: Geomorphological Evidence for an Enhanced Monsoon from Palaeolake Megachad". The Holocene. vol. 16. no. 6. pp.901~911.

- Dutka, Jaques. 1993. "Eratosthenes' Measurement of the Earth Reconsidered". Archive for History of Exact Sciences. vol. 46. issue 1. pp.55~66.

- Edwards, I. E. S. 1987. *The Pyramid of Egypt*. Viking Adult(3rd edition).

- Eerkens, Jelmer W. & Vaughn, Kevin J. & Grados, Moises Linares. 2009. "Pre-Inca Mining in the Southern Nasca Region, Peru". Antiquity. vol. 83. pp.738~750. http://www.academia.edu/211460/Pre-Inca_mining_in_the_Southern_Nasca_Region_Peru

- Emery, W. B. 1961. *Archaic Egypt*. Penguin Books.

- Engels, Donald. 1985. "The Length of Eratosthenes' Stade". American Journal of Philology(The Johns Hopkins University Press). vol. 106 no. 3. pp.298~311. doi:10.2307/295030. JSTOR 295030.

- Ewen, Alex. 2014. New Study Shows Native Americans Traveled to Easter Island Before European Contact. Indian County.(11/17/14) http://indiancountrytodaymedianetwork.com/2014/11/17/new-study-shows-native-americans-traveled-easter-island-european-contact-157881

- Farber-Flügge, Gertrud. 1973. *Der Mythos Inanna und Enki unter besonderer Berücksichtigung der Liste der me*. Gregorian Biblical BookShop.

- Fagan, Garrett G. ed. 2006. *Archaeological Fantasies*. Oxford. England: Routledge.

- Fialko, Yuri & Pearse, Jill. 2012. "Sombrero Uplift Above the Altiplano-Puna Magma Body: Evidence of a Ballooning Mid-Crustal Diapir". Science. vol. 338. pp.250~252. http://sioviz.ucsd.edu/~fialko/papers/Fialko_Science12.pdf.

- Fischer, Richard James. 2008. *Historical Genesis: From Adam to Abraham*. University Press of America.

- Flem-Ath, Rand. 2003. "How Old Is the Piri Reis Map? Looking at New Evidence of High-Tech Source". Atlantis Rising. no. 38. March/April 2003. pp.62~64.

- Flem-ath, Rand & Rose. 2009. "The Secret Search for the Missing Map of Columbus". Atlantis Rising. Nov/Dec(no. 78). pp.42~43, 69~70.

- Fletcher, Joann. 2012. *The Egyptian Book of Living and Dying: The Illustrated Guide to Ancient Egyptian Wisdom*. Chartwell Books.

- Flinders, W. M. 2003(originally). *The Arts & Crafts of Ancient Egypt*. Kessinger Publishing.

- Foerster, Brien. 2012 *Lost Ancient Technology Of Peru And Bolivia*. Lulu.com.

- Forte, Maurizio & Siliotti, Alberto(ed). 1997. *Virtual Archeology: Re-creating Ancient Worlds*. NY: Harry N. Abrams, Inc. Publishers.

- Fox, Hugh. 2005. *Home of the Gods*. MN: Galde Press. Inc.

- Frankfort, Henri. 1978. *Kingship and the Gods: A Study of Ancient Near Eastern Religion as the Integration of Society and Nature*(Oriental Institute Essays). University of Chicago Press; New Edition.

- Frayne, Douglas. 1990. *Old Babylonian Period*(2003~1595 BC). University of Toronto Press.

- Freeman, Lawrence & DeToy, Donielle. 2015. EIR Brings Transaqua Plan. BRICS to Lake Chad Event. http://africanagenda.net/the-transaqua-plan-for-africa/

- Friedman, R. & Fiske, P. N.(eds) 2011. "Egypt at Its Origins 3". The Third International Colloquium on Predynastic and Early Dynastic Egypt. The British Museum. London. 27th July – 1st August 2008.

- Gadotti, Alhena. 2014. *Gilgamesh, Enkidu, and the Netherworld and the Sumerian Gilgamesh Cycle.* Walter de Gruyter GmbH & Co KG.

- Gallo, Isaac Moreno. 2006. *Roman Surveying*(translated by Brian R. Bishop). http://www.traianvs.net/pdfs/surveying.pdf

- Gayar, El Sayed El & Jones, M. P. 1989. "Metallurgical Investigation of an Iron Plate Found in 1837 in the Great Pyramid at Gizeh, Egypt". Journal of Historical Metallurgy Society. vol. 23. no. 2. pp.75~83.

- Gerber, Albrecht. 2010. *Deissmann the Philologist.* Berlin/New York: Walter de Gruyter GmbH & Co. KG.

- George, Arthur & Elena. 2014. *The Mythology of Eden.* Rowman & Littlefield.

- Glancey, Jonathan. 1996. Mortal Mortar. The Independent. 8 Nov. 1996. pp.6~7.

- Gmirkin, Russell. 2006. *Berossus and Genesis, Manetho and Exodus: Hellenistic Histories and the Date of the Pentateuch.* Bloomsbury Publishing USA.

- Goldber, Raymond. 2013. *Drugs Across the Spectrum.* Cengage Learning.

- Gorelick, Leonard & Gwinnet, A. John. 1983. "Ancient Egyptian Drill-working". Expedition. spring. http://www.penn.museum/documents/publications/expedition/pdfs/25-3/ancient.pdf

- Gorelick, L. & Gwinnett, A. J. 1987. "The Change from Stone Drills to Copper Drills in Mesopotamia: An Experimental Perspective". Expedition. vol. 29. no. 3. pp.15~24. http://www.penn.museum/documents/publications/expedition/pdfs/29-3/gwinnett.pdf

- Gotkowitz, Laura. 2001. *Histories of Race and Racism: The Andes and Mesoamerica from Colonial Times to the Present.* Duke University Press.

- Greaves, John. 1737. *Miscellaneous Works of Mr. John Greaves. vol. II*. London: Published by Dr Thomas Birch, printed by J. Hughes for J. Brindley and C. Corbett.

- Gruhn, Ruth. 1988. "Linguistic Evidence in Support of the Coastal Route of Earliest Entry Into the New World". Man. New Series. vol. 23. no. 1(March. 1988). pp.77~100.

- Gulbekian, Edward. 1987. "The Origin and Value of the Stadion Unit used by Eratosthenes in the Third Century BC". Archive for History of Exact Sciences. vol. 37. pp.359~363.

- Hadingham, Evan. 1987. *Lines to the Mountain Gods: Nazca and the Mysteries of Peru*. George G. Harrap & Co Ltd.

- Halleux, R. 1981. *Les alchimistes grecs I: Papyrus de Leyde, Papyrus de Stockholm, fragments de recettes*. Paris: Editions Budé. pp.84~109.

- Harley, J. B. & Woodward, David(ed). 1992. *The History of Cartography. Volume Two. Book One*. University of Chicago Press. http://www.Press.uchicago.edu/books/HOC/HOC_V2_B1/Volume2_Book1.html

- Hancock, Graham & Bauval, Robert. 1996. *The Message of the Sphinx*. New York: Three Rivers Press.

- Hancock, Graham & Bauval, Robert. 1998. *The Mars Mystery: A Tale of the End of Two Worlds*. First Edition. Michael Joseph Ltd.

- Hancock, Graham. 2001(originally 1996). *Fingerprints of the Gods: The Quest Continues*. New Edition. Century Books.

- Handcock, Percy S. P. 2014. *Mesopotamian Archaeology: An Introduction to the Archaeology of Mesopotamia and Assyria*. London: MaCMillan and Co. Ltd. & Philip Lee Warner. http://www.gutenberg.org/files/45229/45229-h/45229-h.htm#fig6

- Hapgood, Charles H. 1996(originally 1966). *Maps of the Ancient Sea Kings: Evidence of Advanced Civilizations in the Ice Age*. Adventures Unlimited Press.

- Harding, Thomas G. & Wallace, Ben J.(ed) 1972. *Cultures of the Pacific*. Simon and Schuster.

- Harris, Rivkah. 2000. *Gender and Aging in Mesopotamia: The Gilgamesh Epic and Other Ancient Literature*. University of Okahoma Press. Normal. http://www.gatewaystobabylon.com/essays/essaynergalereshk1.htm

- Hart, G. 1991. *Egyptian Myths*. First Edition. University of Texas Press.

- Hart-Davis, Adam. 2004. *What the Past Did for Us*. BBC Books.

- Hassan, Selim. 1946. *Excavations at Giza:* Cairo. Government Press.

- Hayes, John L. 1990. *A Manual of Sumerian Grammar and Texts*, Undeana Publications.

- Herber, Eugenia W. 2003. *Red Gold of Africa: Copper in Precolonial History and Culture*. University of Wisconsin Press.

- Herodotus. *Herodotus Book 2*. Chapter 4. http://perseus.mpiwg-berlin.mpg.de/GreekScience/hdtbk2.html

- Herodotus. George Rawlinson, ed. and tr. 1862. *The History of Herodotus. vol. 3*. London: John Murray, Albemarle Street.

- Heyerdahl, Thor & Sandweiss, D. H. & Narváez, A. 1995. *Pyramids of Túcume : The Quest for Peru's Forgotten City*. Thames & Hudson.

- Hoffman, Micheal A. 1984. *Egypt before the Pharaohs: The Prehistoric Foundations of Egyptian Civilization*. Ark Paperbacks.

- Hoffmeier, James K. 2015. *Akhenaten and the Origins of Monotheism*. Oxford University Press.

- Holladay, April. 2002. *Wonderquest: The 360-degree circle is 4400 years old*. USA Today(06/21/2002). http://usatoday30.usatoday.com/news/science/wonderquest/2002-06-21-circle.htm

- Honoré, Pierre. 2007. *In Search of Quetzalcoatl: The Mysterious Heritage of*

South American. Adventures Unlimited Press.

- Horowitz, W. 1998. *Mesopotamian Cosmic Geography*. Winona Lake.

- Isler, Martin. 2001. *Sticks, Stones, and Shadows: Building the Egyptian Pyramids*. University of Oklahoma Press.

- Jacobs, James Q. 2000. Early Monumental Architecture on the Peruvian Coast: Evidence of Socio-political Organization and the Variation in Its Interpretation. www.jqjacobs.net/andes/coast.html.

- Jacobsen, Thorkild. 1978. *The Treasures of Darkness: A History of Mesopotamian Religion*. First Edition Yale University Press.

- Jacobson, D. M. 2000. "Corinthian Bronze and the Gold of the Alchemists". Gold Bulletin. vol. 33. pp.60. http://www.scribd.com/doc/71325018/Gold-Dealloying-Historical-Selective-Leaching-parting-depletion-gilding-corrosion

- James, Peter. 1996. *Sunken Kingdom: The Atlantis Mystery Solved*. New Edition. PIMLICO.

- Janusek, John Wayne. 2004. *Identity and Power in the Ancient Andes: Tiwanaku Cities through Time*. Routledge.

- Jennie, Michael. 2013. Does this Map from 1418 Prove Historian's Controversial Claim that the New World was Discovered by the Chinese 70 years before Columbus? Mail Online News(8 Oct. 2013). http://www.dailymail.co.uk/news/article-2449265/Who-Discovered-America—Controversial-historian-Gavin-Menzies-claims-Chinese-reached-New-World-first.html

- Joins, Karen Randolph. 1967. "Winged Serpent in Isaiah's Inaguaration Vision". Journal of Biblical Literature. vol. 86. no. 4. pp.410~415. http://www.godawa.com/chronicles_of_the_nephilim/Articles_By_Others/Joines-Winged_Serpents_In_Isaiahs_Inaugural_Vision_Seraphim.pdf
- Jordan, Paul. 1998. *Riddles of the Sphinx*. Sutton Publishing Ltd.

- Kamil, Jill. 1985. *Sakkara: A Guide to the Necropolis of Sakkara and the site of Memphis*. Longman.

- Kearsley, Graeme R. 2003. *Inca Origin: Asian Influence in Early South America in Myth, Migration and History.* Yelsraek Publishing.

- Kehoe, Alice B. 2003. "The Fringe of American Archaeology: Transoceanic and Transcontinental Contacts in Prehistoric America". Journal of Scientific Exploration. vol. 17. no. 1. pp.19~36.

- Key, Mary Ritchie. 1998. "Linguistic Similarities between Austronesian and South American Indian Languages". Pre-Columbiana I. nos. 1&2:5. pp.9~71.

- Kowalski, Jeff Karl & Kristan-Graham, Cynthia. 2007. *Twin Tollans: Chichén Itzá, Tula, and the Epiclassic to Early Postclassic Mesoamerican World.* Dumbarton Oaks.

- Kramer, Samuel Noah. 1961(originally 1944). *Sumerian Mythology.* Revision Edition. Harper & Brothers. http://www.sacred-texts.com/ane/sum/sum08.htm

- Kramer, Samuel Noah. 1971. *The Sumerians-Their History, Culture, and Character.* New edition. University of Chicago Press.

- Kramer, Samuel Noah. 1972(originally 1944). *Sumerian Mythology.* Revised Edition. University of Pennsylvania Press.

- Kramer, Samuel Noah. 1981(originally 1956). *History Begins at Sumer: Thirty-Nine Firsts in Recorded History.* University of Pennsylvania Press.

- Kramer, S. & Maier, J. 1989. *Myths of Enki, the Crafty God.* Oxford University Press.

- Krupp, E. C. 2003. *Echoes of the Ancient Skies: The Astronomy of Lost Civilizations.* Dover Publications.

- Kynard. Troy. 2015. *The Esoteric Codex: Mesopotamian Deities.* Lulu.com.

- Lacroix, Jean-Pierre & Bywater, Robert. Ancient Cartography: Map projections used in selected portolan style maps including the Piri Reis map of 1513. http://ancientcartography.net/Portulan-Projections.pdf

- Lafayette, Maximillien De. 2011. *Sumerian-English Dictionary: Vocabulary And History*. Lulu.com.

- Lal, Chaman. 2005. Who Discovered the Americas? Clues to Influences from Ancient Hindus, Vedic Empire. http://lhs.walton.k12.ga.us/new/Teachers/Goethals/SS%20StudyGuides/Mr%20G's%20AP%20WH%20Reading%20Files/Unit%203%20Readings/World%20History%20Lesson%2047%20-%20Who%20Discovered%20America%20(Hindu%20Reading).pdf

- Landsberger, Beno. 1945. *Three Essays on the Sumerians: Monograph on the Ancient Near East. vol. 1. Fascicle 2*. Oxford.

- Laplace, Pierre-Simon. 1884. *Exposition du systeme du monde. vol. 6. Oeurres completes*. Book 5. Paris.

- Larkin, Mitchell. 1999. "Earliest Egyptian Glyhs". archaeology achieve. vol. 52. no. 2. achieve.archaeology.org/9903/newsbriefs/egypt.html

- Lefkowitz, Mary R. & Rogers, Guy MacLean(ed). 1996. *Black Athena Revisited*. The University of North Carolina Press Books.

- Lendering, Jona. Astronomical Diaries. http://www.livius.org/di-dn/diaries/astronomical_diaries.html

- Levathes, Louise. 1994. *When China Ruled the Seas-The Treasure Fleet of the Dragon Throne 1405~1433*. New York: Simon & Shuster.

- Lloyd, G. E. R. 1975. *Greek Science After Aristotle*. W. W. Norton & Company.

- Lockyer, J. Norman. 1992. *Dawn of Astronomy*. Facsimile Edition. Kessinger Publishing.

- Lovgren, Stefan. 2003. Who Were The First Americans? National Geographic News(September 3, 2003). http://news.nationalgeographic.com/news/2003/09/0903_030903_bajaskull.html

- Lowe, J. H. 1966. "Diffusionism and Archaeology". American Antiquity. vol. 31. no. 3. pp.334~337.

- Lundquist, John M. 2008. *The Temple of Jerusalem: Past, Present, and Future*. Greenwood Publishing Group.

- Mallery, Arlington & Harrison, Mary Roberts. 1979. *The Rediscovery of Lost America*. New York: A Dutton Paperback.

- Malte-Brun, Conrad. 1824. *Universal Geography: Or a description of all parts of the world*. Boston: Wells and Lilly.

- Manansala, Paul Kekai. 1996. "The Austric Origin of the Sumerian Language". Language Form. vol. 22. no. 1~2(Jan.~Dec. 1996).

- Marchant, Jo. 2010. "Mechanical Inspiration". Nature. vol. 468. pp.496~498. http://www.nature.com/news/2010/101124/full/468496a.html

- Marder, William. 2005. *Indians in the Americas*. Book Tree.

- Markman, Roberta H. & Markman, Peter T. 1992. *The Flayed God: Mesoamerican Mythological Tradition*. Harpner.

- Marinatos, Nanno. 2010. *Minoan Kingship and the Solar Goddess: A Near Eastern Koine*. University of Illinois Press.

- Marini, Alberto. 1985. "A Sumerian Inscription of the Fuente Magna, La Paz, Bolivia". The Epigraphic Society Occasional Papers. vol. 13. no. 311. p.9.

- Mark, Joshua J. 2011. The Myth of Adapa. Ancient History Encyclopedia. http://www.ancient.eu/article/216/

- Mark, Samuel. 1998. *From Egypt to Mesopotamia*. Chartham Publishing.

- Martinov, Georgi. 2014. The Symbolism of the 'Twin Peaks' in Some of the Bronze Age Cultures. http://www.academia.edu/10099295/The_Symbolism_of_the_Twin_Peaks_in_some_of_the_Bronze_Age_Cultures

- McCommons, William E. 2000. *The Foundings*. AuthorHouse.

- McAlister, Melani. 2001. *Epic Encounters: Culture, Media, and U.S. Interests in the Middle East-1945~2000*. University of California Press.

- McIntosh, Gregory C. 2000. *The Piri Reis Map of 1513*. University of Georgia Press.

- Meggers, Berry G. 1975. "The Transpacific Origin of Mesoamerican Civilization: A Preliminary Review of Its Evidence and Its Theoretical Implications". American Anthropologist. vol. 77. no. 1. pp.1~27(Article first published online: 22 OCT 2009). http://onlinelibrary.wiley.com/doi/10.1525/aa.1975.77.1.02a00020/pdf

- Members of the David H. Koch Pyramids Radiocarbon Project. 1999. "Dating the Pyramids". Archaeology. vol. 52. no. 5. September/October 1999. http://www.archaeology.org/9909/abstracts/pyramids.html

- Menzies, Gavin. 2002. *1421, The Year China Discovered the World*. Bantam Press.

- Miller, Mary Ellen & Taube, Karl A. 1993. *The Gods and Symbols of Ancient Mexico and the Maya: An Illustrated Dictionary of Mesoamerican Religion*. Thames and Hudson.

- Mitchell, Larkin. 1999. "Earliest Egyptian Glyphs". Archaeology Magazine. vol. 52. no. 2. March/April 1999. http://www.archaeology.org/9903/newsbriefs/egypt.html

- Moorey, Peter R. S. 1999. *Ancient Mesopotamian Materials and Industries: The Archaeological Evidence*. Eisenbrauns.

- Moreno-Mayar, J. Víctor et al. 2014. "Genome-wide Ancestry Patterns in Rapanui Suggest Pre-European Admixture with Native Americans". Current Biology. vol. 24. no. 21. pp.2518~2525.

- Muscarella, Oscar White. 1989. *Bronze and Iron: Ancient Near Eastern Artifacts in the Metropolitan Museum*. Metropolitan Museum of Art.

- Navarr, Miles Augustus. 2012. *Forbidden Theology: Origin of Scriptural God*. Xlibris Corporation.

- Naydler, Jeremy. 1996. *Temple of the Cosmos : The Ancient Egyptian Experience of the Sacred*. Inner Traditions International.

- Needham, Joseph. 1959. *Science and Civilisation in China. vol. III. Mathematics and the Sciences of the Heavens and the Earth.* Cambridge University Press.

- Needham, Joseph. 1971. *Science and Civilisation in China. vol. IV Civil Engineering and Nautics.* Cambridge University Press.

- Neonard, Albert. Jr & Williams, Bruce Beyers(ed). 1989. "Essay in Ancient Civilization Presented to Helene J. Kantor". Studies in Ancient Oriental civilization. no. 47. The Oriental Institute of University of Chicago. https://oi.uchicago.edu/sites/oi.uchicago.edu/files/uploads/shared/docs/saoc47.pdf

- Nicholson, Paul T. & Shaw, Ian(ed). 2009. *Ancient Egyptian Materials and Technology.* Cambridge University Press.

- Niece, S. L. 1995. Depletion gilding from Third Millennium B.C. Ur, IRAQ. vol. 57. pp.41~48.

- Noorbergen, Rene. 2001. *Secrets of the Lost Races: New Discoveries of Advanced Technology in Ancient Civilizations.* TEACH Services, Inc. http://www.aquiziam.com/ancient-electricity.html

- O'Brien, Terry J. 1997. *Fair Gods and Feathered Serpents: A Search for Ancient America's Bearded White God.* Cedar Fort.

- Oppenheimer, Stephen J. 1998. *Eden in the East: The Drowned Continent of Southeast Asia.* Weidenfeld and Nicolson. London.

- Oppenheimer, Stephen J. & Richards, Martin. 2001. "Polynesian Origins: Slow Boat to Melanesia?" Nature. vol. 410. pp.166~167. http://www.nature.com/nature/journal/v410/n6825/full/410166b0.html

- Osborne, Harold. 1969. *South American Mythology.* Littlehampton Book Services Ltd.

- Osborne, Harold. 2013(originally published in 1952). *Indians of the Andes: Aymaras and Quechuas.* Routledge.

- Paine, Lincoln P. 2000. *Ships of Discovery and Exploration.* Houghton Mifflin

Harcourt.

Palleres, Ricardo. 2005. Who Discovered America? Archaeology Online. http://archaeologyonline.net/artifacts/who-discovered-america.html

Parsche, F. & Balabanova, S. & Pirsig, W. 1993. Drugs in Ancient Populations. The Lancet. vol. 341. p.503.

Pearce, Charles Edward Miller & Pearce, Frances M. 2010. *Oceanic Migration: Paths, Sequence, Timing and Range of Prehistoric.* Springer.

Peet, T. Eric. 1990. *Rhind Mathematical Papyrus.* Periodicals Service Co.

Perry, W. J. 1918. *The Megalithic Culture of Indonnesia.* University of Manchester Press. http://www.archive.org/stream/megalithiccultur00perruoft/megalithiccultur00perruoft_djvu.txt

Petrie, W. M. Flinders. 1990(Originally 1883). *The Pyramids and Temples of Gizeh.* New & Revised Edition. Histories & Mysteries of Man Ltd.

Petrie, W. M. Flinders. 1910. *The Arts & Crafts of Ancient Egypt.* T. N. Foulis.

Pinch, Geraldine. 2002. *Handbook of Egyptian Mythology.* ABC-CLIO.

Pinches, Theophilus G. 1908. *The Old Testament in the Light of the Historical Records and Legends of Assyria and Babylonia.* London: The Society for Promoting Christian Knowledge.

Plutarch(translated by Babitt, F. C.). 1936. *Moralia. Loeb Classical Library. vol. 5.* Harvard University Press.

Posnansky, Arthur. 1945. *Tihuanacu: the Cradle of American Man. vols. I~II*(Translated into English by James F. Sheaver). J. J. Augustin Publ. New York and Minister of Education. La Paz. Bolivia.

Posnansky, Arthur. 1957. *Tiahuanacu, The Cradle of American Man. vol. III.* Ministry of Education. La Paz. Bolivia.

Pratt, David. 2004. Easter Island: Land of Mystery. http://www.bibliotecapleyades.

net/arqueologia/eastern_island/easter.htm#contents

- Prescott, William H. 1843. *History of the Conquest of Mexico. volume 1*. New & Revised Edition. London: Geo. Routleges and Sons.

- Presto, Steve. 2009. *Who Made the Pyramids?* Lulu.com.

- Pye, Michael & Dalley, Kirsten. 2012. *Lost Cities and Forgotten Civilizations*. The Rosen Publishing Group.

- Quirke, Stephen & Spencer, Jeffrey(ed). 1996. *The British Museum Book of Ancient Egypt*. Thames & Hudson.

- Randles, W. G. L. 1984. *Portuguese and Spanish Attempts to Measure Longitude in the 16th Century*. COIMBRA.

- Rawlinson, George. 1862. *History of Herodotus*. London: John Murray. Albemarle Street.

- Raynaud, Suzanne & Boisse, Henri de la & Makroum, Farid Mahmoud & Bertho, Joël. 2008. Geological and Geomorphological Study of the Original Hill at the Base of Fourth Dynasty Egyptian Monuments. http://hal.archives-ouvertes.fr/docs/00/31/95/86/PDF/PyramidsSR.pdf

- Redford, Donald B. 2002. *The Ancient Gods Speak-A Guide to Egyptian Religion*. Oxford University Press.

- Ree, Charlotte Harris. 2008. *Secret Maps of the Ancient World*. AuthorHouse.

- Renfrew, Colin. 1972. *The Emergence of Civilization: The Cyclades and Aegean in the Third Millenium B.C.* London: Methuen and Co.

- Rice, Michael. 2003. *Egypt's Making: the Origins of Ancient Egypt, 5000~2000 BC*. Second Edition. Routledge.

- Ring, Trudy & Salkin, Rober M. & Boda, Sharon La. 1995. *International Dictionary of Historic Places. vol. 4: Middle East and Africa*. Taylor & Francis.

- Rioukhina, Evelina. 2004. Secrets of the Megaliths of Sulawesi. UN Special no.

630(June 2004). http://www.unspecial.org/UNS630/UNS_630_T25.html

- Rohl, David M. 1998. *Legend: the Genesis of Civilisation*. Arrow Books Limited.

- Romer, John & Elizabeth. 1996. *The Seven Wonders of the World: A History of the Modern Imigination*. Michael Omara.

- Rother, Larry. 1999. An Ancient Skull Challenges Long-Held Theories. New York Times(October 26. 1999). http://www.nytimes.com/1999/10/26/science/an-ancient-skull-challenges-long-held-theories.html

- Roux, Georges. 1993. *Ancient Iraq*. 3rd Edition. Penguin Books.

- Rowling, J. T. 1989. "The Rise and Decline of Surgery in Dynastic Egypt". Antiquity. vol. 63. issue 239. pp 312~319.

- Ruhlen, Merritt. 1994. *On the Origin of Languages: Studies in Linguistic Taxonomy*. Stanford University Press. http://merrittruhlen.com/files/Global.pdf

- Rundle-Clark, R. T. 1991(originally 1955). *Myth and Symbol in Ancient Egypt*. Thames & Hudson.

- Sachs, Abraham J. 1988. *Astronomical diaries and related texts from Babylonia. vol. 1, 2, 3*. Verlag der osterreichischen Akademie der Wissenschaften: WIEN.

- Sarton, G. 1952. *A History of Science Through the Golden Age of Greece, 3. vols. I*. Part 1. Harvard University Press.

- Sasson, Jack M(ed). 1995. *Civilizations of the Ancient Near East*. First Edition(4 Vols). Charles Scribner's Sons.

- Savolainen, Peter et al. 2002. "Genetic Evidence for an East Asian Origin of Domestic Dogs". Science. vol. 298(November 22. 2002). pp.1610~1613.

- Scarre, Chris. 2013(originally 2005). *The Human Past*. 3rd Edition. Thames & Hudson.

- Schmandt-Besserat, Denise. 1992. *How Writing Came About*. University of Texas Press.

- Schneider, Thomas. 2010. "The West Beyond the West: The Mysterious 'Wernes' of the Egyptian Underworld and the Chad Palaeo-lakes". Journal of Ancient Egyptian Interconnections. vol. 2. no. 4. pp.1~14.

- Schoch, Robert. 1999. *Voices of the Rocks: A Scientist Looks at Catastrophes and Ancient Civilizations*. New York: Harmony Books.

- Schoch, Robert. 2012. *Forgotten Civilization: The Role of Solar Outbursts in Our Past and Future*. Inner Traditions.

- Schoch, Robert M. & McNally, R. A. 2004. *Voyages of the Pyramid Builders*. Jeremy P. Tarcher/Penguin.

- Seed, Patricia. 2008. "The Cone of Africa. Took Shape in Lisbon". Humanities. January/February. vol. 29. no. 6. http://www.neh.gov/humanities/2008/januaryfebruary/feature/the-cone-africa-took-shape-in-lisbon

- Seidl, Ursula C. 1988. *Die Babylonischen Kudurru Reliefs: Symbole Mesopotamischer Gottheiten(Orbis Biblicus et Orientalis)*. Vandenhoeck & Ruprecht.

- Sertima, Ivan V. 1995. *Egypt: Child of Africa*. Transaction Publishers.

- Seters, John Van. 1992. *Prologue to History: The Yahwist as Historian in Genesis*. Westminster John Knox Press.

- Sezgin, Fuat. 2006. The pre-Columbian Discovery of the American Continent by Muslim Seafarers, excepted from Geschichte Arabischen Schrifttums. vol. XIII. Institute for the History of Arabic-Islamic Science at the Johann Wolfgang Goethe University. Frankfurt am Main.

- Shaw, Ian & Nicholson, Paul. 2003. *The Dictionary of Ancient Egypt*. Harry N. Abrams, Inc. Publishers.

- Shrama, Usha & S. K. 2005. *Discovery of North East India*. Mittal Publications.

- Silverman, David P. ed. 2003. *Ancient Egypt*. Oxford University Press.

- Sitchin, Zecharia. 1983. *The Stairway to Heaven*. Avon Books.

- Sjöberg, Å. & Bergmann, E. 1969. *The Collection of the Sumerian Temple Hymns and The Kes Temple Hymn by Gene B. Grag.* Texts from Cuniform Sourse III. Locust Valley. New York: J. J. Augustin.

- Smiley, C. H. 1960. "The Antiquity and Precision of Mayan Astronomy". Journal of the Royal Astronomical Society of Canada. vol. 54. pp.222~226.

- Smith, G. Elliot. 1911. *The Ancient Egyptians and the Origin of Civilization.* London/New York: Harper & Brother.

- Smith, G. Elliot. 1929. *The Migrations of Early Culture.* Manchester: Manchester University Press.

- Smith, Joshua D. 2011. *Egypt and the Origin of Civilization: The British School of Culture Diffusion, 1890s~1940s.* VindicationPress.

- Smyth, C. Piazzi. 1994. *The Great Pyramid: It's Secret and Mysteries Revealed.* 4th Edition. Bell Publishing Co.

- Sobel, Dava. 1995. *Longitude: The True Story of a Lone Genius Who Solved the Greatest Scientific Problem of His Time.* New York: Penguin.

- Sorensen, Eric. 2002. *Possession and Exorcism in the New Testament and Early Christianity. volume 2.* Mohr Siebeck.

- Sotysiak, Arkadiusz. 2006. "Physical Anthropology and the 'Sumerian Problem'". Studies in Historical Anthropology. vol. 4. pp.145~158. http://www.antropologia.uw.edu.pl/SHA/sha-04-07.pdf

- Spence, Lewis. 2015(originally 1913). *The Myths of Mexico Peru.* Forgotten Books.

- Steele, John M. 2000. "Eclipse Prediction in Mesopotamia". Archive for History of Exact Sciences. vol. 54. issue 5. pp.421~454.

- Sullivan, William. 1997. *The Secret of the Incas: Myth, Astronomy, and the War Against Time.* Three Rivers Press.

- Swaney, Deanna. 1988. *Bolivia: A Travel Survival Kit.* Lonely Planet.

- Sweeney, Emmet John. 2008. *The Genesis of Israel and Egypt*. Algora Publishing.

- Taylor, John H. 2010. *Journey Through the Afterlife: Ancient Egyptian Book of the Dead*. Harvard University Press.

- Thrope, Nick & James, Peter. 1995. *Ancient Inventions*. Ballantine Books.

- Tilling, R. I. 2009. "Volcanism and Associated Hazards: the Andean Perspective". Advances in Geosciences. vol. 22. pp.125~137.

- Tompkins, Peter. 1978. *Secrets of the Great Pyramid*. Harper & Row.

- Toorn, K. van der & Becking, Bob & Horst, Pieter Willem van der(eds). 1999. *Dictionary of Deities and Demons in the Bible*. Edition 2. Revised. B. Eerdmans Publishing. http://www.friendsofsabbath.org/Further_Research/e-books/ Dictionary-of-Deities-and-Demons-in-the-Bible.pdf

- Trompf, Garry. "Isaac Newton and the Kabbalistic Noah: Natural Law Between Mediaevalia and the Enlightenment". Aries. vol. 5. issue 1. July 1. pp.91~118.

- Turner, Alice K. 1993. *The History of Hell*. A Harvest Book · Harcourt. Inc.

- Unger, Eckkard. 1938. "Eridu". Reallexikon der Assyriologie und Vorderasiatischen Archäologie. vol. 2. p.467.

- van Binsbergen, Wim M. J. & Woudhuizen, Fred C. 2011. Ethnicity in Mediterranean Protohistory. British Archaeological Reports(BAR) International Series 2256. Oxford: ArchaeoPress. http://shikanda.net/topicalities/Ethnicity_ MeditProto_ENDVERSION%20def%20LOW%20DPI.pdf

- van Binsbergen, Wim. 2012. A Note on the Oppenheimer-Tauchmann Thesis on Extensive South and South Asian Demographic and Cultural Impact on Sub-Saharan African in Pre- and Protohistory. 'Rethinking Africa's Transcontinental Continuities in Pre- and Protohistory'. International Conference. African Studies Centre. Leiden University. Leiden. the Netherlands(April 12~13. 2012). http://www. shikanda.net/Rethinking_history_conference/wim_tauchmann.pdf

- Verill, A. Hyatt & Ruth. 1967(originally 1953). *America's Ancient Civilizations*.

Capricorn Books. New York.

- Virk, Zakaria. 2010. Brief History of Observatories In the Islamic World. http://islamquranscience.org/2010/08/a-brief-history-of-observatories-in-the-islamic-world/

- Vrettos, Theodore. 2010. *Alexandria: City of the Western Mind.* Simon and Schuster.

- Walkup, Newlyn. 2005. Eratosthenes and the Mystery of the Stades. http://mathdl.maa.org/mathDL/46/?pa=content&sa=viewDocument&nodeId=646&pf=1

- Walkup, Newlyn. 2010. Eratosthenes and the Mystery of the Stades –Meridian of Alexandria and Syene. Loci. August. 2010. http://www.maa.org/publications/periodicals/convergence/eratosthenes-and-the-mystery-of-the-stades-meridian-of-alexandria-and-syene

- Wasilewska, Ewa. 2000. *Creation Stories of the Middle East.* Jessica Kingsley Publishers.

- Wauchope, Robert. 1962. *Lost Tribes and Sunken Continents.* Chicago: University of Chicago Press.

- West, John Anthony. 1996. *A Traveller's Key to Ancient Egypt.* New Edition. Quest Books.

- White, J. E. Manchip. 1970. *Ancient Egypt: Its Culture and History.* Dover Publications.

- Whitfield, Peter. 1998. *New Found Lands: Maps in the History of Exploration.* Routledge.

- Whitehouse, David. 2003. World's 'Oldest' Rice Found. BBC News(October 21, 2003). http://news.bbc.co.uk/2/hi/science/nature/3207552.stm

- Wilford, John Noble. 2000. Early Pharaohs' Ghostly Fleet(October 31, 2000). New York Times(October 31, 2000). https://www.library.cornell.edu/colldev/mideast/farflt.htm

- Wilford, John Noble. 2001. *The Mapmakers*. Revised Edition. Vintage.

- Wilkinson, Richard. 1994. *Reading Egyptian Art: A Hieroglyphic Guide to Ancient Egyptian Painting and Sculpture*. New Edition. Thames & Hudson.

- Wilkinson, Toby. 2003. *Genesis of the Pharaohs: Dramatic New discoveries that Rewrite the Origins of Ancient Egypt*. Thames & Hudson.

- Williams, B. B. & Logan, T. J. 1987. "The Metropolitan Museum Knife Handle and Aspects of Pharaonic Imagery Before Narmer". Journal of Near Eastern Studies. vol. 46. pp.245~285.

- Willka, Zarate Huayta Álvaro Rodrigo. 2013. *The Lost Calendar of the Andes: Decoding the Tiwanaku Calendar and of the Muisca Culture*. Harvard University Press. Boston Machassutes. pp.1~56. https://upload.wikimedia.org/wikipedia/commons/b/b3/Willka_-_The_Lost_Calendar.pdf

- Wilson, Colin. 1996. *From Atlantis to Sphinx: Recovering the Lost Wisdom of the Ancient World*. Virgin Books.

- Winters, Clyde. 2014. Lake MegaChad and the Rise of Egypt and the Maa Civilization. http://bafsudralam.blogspot.kr/2014/09/you-can-not-support-northeast-african.html

- Wooley, Leorard. 1955. *Ur Excavation. vol. IV. The Early Period*. British Museum.

- Woolley, C. Leonard. 1965. *The Sumerians*. W. W. Norton & Company.

- Woolley, C. Leonard & Moorey, P. R. S. 1982. *Ur of the Chaldees: Revised and Updated Edition of Sir Leonard Woolley's Excavations at Ur*. Cornell University Press.

- Yoga, Dar Edi. 2014. Comparing the Megalithic Sites Cibedug and Mount Padang. May 28. 2012. Mountain Toba. Alternative History of Civilization. http://gunungtoba2014.blogspot.kr/2014/05/membandingkan-situs-megalitikum-cibedug.html

- Zada, John, 2012. Muhammed al-Idrisi. http://www.theplanisphere.com/2012/

muhammed-al-idrisi/

- 개빈 멘지스. 2004.《1421 중국, 세계를 발견하다》. 사계절.

- 게오르그 포이어스타인 외(정광석 옮김). 2000.《최초의 문명은 고대 인도에서 시작되었다》. 사군자.

- 권삼윤. 2001. "안데스의 축복, 티티카카湖에서 영혼을 씻다".〈신동아〉(2001년 12월 1일). pp.548~565. http://shindonga.donga.com/docs/magazine/shin/2004/11/16/2004 11160500125/200411160500125_3.html

- 그레이엄 핸콕(이경덕 옮김). 1996.《신의 지문》(상, 하). 까치글방.

- 그레이엄 핸콕(김정환 옮김). 2000.《신의 거울》. 김영사.

- 김병모. 2006.《김병모의 고고학 여행》. 고래실.

- 김상일 엮음. 1988.《인류문명의 기원과 한》(재판). 가나출판사.

- 김종락. 2002. "명대 세계 최고 아프리카 지도 공개".〈문화일보〉(2002년 11월 13일). http://news.naver.com/main/read.nhn?mode=LSD&mid=sec&sid1=100&oid=021 &aid=0000008973

- 데이비드 롤(김석희 옮김). 1999.《문명의 창세기》. 해냄.

- 리처드 해리스(손덕수 옮김). 1999.《파라다이스》. 중명.

- 마이클 우드(강주헌 옮김). 2002.《인류 최초의 문명들》. 중앙 M&B.

- 맹성렬. 1997a.《초고대문명》(상). 넥서스

- 맹성렬. 1997b.《초고대문명》(하). 넥서스

- 맹성렬. 2009.《오시리스의 죽음과 부활》. 르네상스.

- 맹성렬. 2013. "기원전 1만 년, 누가 바다를 정복했을까".〈신동아〉(2013년 10월호). pp.476~483.

- 문정창. 2008.《한국・수메르・이스라엘 역사》. 한뿌리출판사.

- 미르치아 엘리아데(심재중 옮김). 2003.《영원회귀의 신화》. 이학사.

- 미야 노리코(김유영 옮김). 2010.《조선이 그린 세계지도: 몽골제국의 유산과 동아시아》. 소와당.

- 박기용. 1994. "수메르어 격체계 대조분석". 〈언어학〉 16권. 0호. pp.81~120.

- 박종진. 2011. "인류 최초의 수메르문명은 한민족 역사". 〈데일리한국〉(2011년 1월 5일). http://daily.hankooki.com/lpage/people/201101/wk20110105140156105610.htm

- 박태식. 2009. "고대 한반도에서 재배된 벼의 전래 경로에 대한 고찰". 〈한국작물학회지〉. 54권 1호. 119~123쪽. http://ocean.kisti.re.kr/downfile/volume/kscs/JMHHBK/2009/v54n1/JMHHBK_2009_v54n1_119.pdf

- 베른트 잉그마르 구트베를레트(박병화 옮김). 2011.《마야의 달력》. 열음사.

- 베른하르트 카이(박계수 옮김). 2006.《배를 타고 세계를 탐험하는 항해의 역사》. 북폴리오.

- 브룩 윌렌스키 랜포트(김소정 옮김). 2013.《에덴 추적자들: 이성적이고 합리적인 지식인들의 발칙한 에덴 탐험기》. 푸른지식.

- 손영식. 2010. "가장 오래된 메조아메리카 무덤, 피라미드 유적서 발견". 〈서울신문〉(2010년 5월 21일). http://nownews.seoul.co.kr/news/newsView.php?id=20100521601001

- 앤드류 콜린스. 2006.《아틀란티스로 가는 길》. 김영사.

- 오상학. 2009. "혼일강리역대국제지도 해제". 중앙유라시아연구소. 2009년도 문명아카이브 해제 프로젝트. http://cces.snu.ac.kr/com/07hig.pdf

- 우실하(박종찬 정리). 2012. "7층짜리 거대 피라미드는 '판도라 상자'". 〈한겨레신문〉(2010년 2월 4일). http://www.hani.co.kr/arti/culture/religion/402816.html

- 유용하. 2009. "일본인 조상은 한반도서 건너가". 10개국 과학자 공동 연구 결과. 〈매일경제〉(2009년 12월 11일).

- 이정훈. 2012. "중국이 절대 공개하지 않는 단군신화의 증거… 환웅의 정체(1)". 2012년 12월 3일. http://blog.donga.com/milhoon/archives/575

* 전국귀농운동본부. 2012.《생태농업이란 무엇인가: 귀농총서 1》. 들녘.

* 정연규. 2004.《수메르·이스라엘 문화를 탄생시킨 한민족》. 한국문화사.

* 조철수. 1996. "수메르어-국어고어 문법범주 대조분석". 〈언어학〉. 제19권. pp.357~375.

* 조철수. 2000.《메소포타미아와 히브리 신화》. 도서출판 길.

* 조철수. 2000. "메소포타미아 신화는 남방 해상로를 거쳐 전해졌다". 〈신동아〉(2000년 10월 1일). p.494~503. http://shindonga.donga.com/docs/magazine/shin/2006/08/11/200608110500024/200608110500024_1.html

* 조철수. 2003.《수메르 신화》. 서해문집.

* KBS 〈문명의 기억, 지도〉 제작 팀. 2012.《문명의 기억, 지도》. 중앙 books.

* 파퓰러사이언스 엮음. 2011.《미스터리 사이언스》. 양문출판사.

* 필립 코펜스(이충인 옮김). 2015.《사라진 고대문명의 수수께끼》. 책과함께.

* 헨리에타 맥컬(임웅 옮김). 1999.《메소포타미아 신화》. 범우사.

1 엔키Enki의 의도에 대해서는 다른 견해가 존재한다. 진노한 안An이 아다파Adapa에게 독
이든 음식을 먹일 것으로 예상한 엔키가 아다파로 하여금 안이 제공하는 음식을 거부
하도록 시켰다는 것이다(Mark, Joshua J. The Myth of Adapa. Ancient History Encyclopedia.
http://www.ancient.eu/article/216/ 참조). 하지만 전체적인 맥락에서 볼 때 안이 아다파의
능력과 야심을 파악하는 것을 우려한 엔키가 여기에 대비하게 한 것으로 해석하는 것
이 보다 설득력이 있다. 아다파는 엔키의 수석 사제로서 엔키의 지극한 보살핌을 받는
데 신화의 몇몇 구절에서 그가 사실은 엔키의 아들이라는 언급이 있다(Wasilewska, Ewa.
2000. *Creation Stories of the Middle East*. p.122 참조). 대다수 관련학자들은 수메르어 아다
파가 아카드어 아다무로 변했고 히브리어에서는 다시 아담으로 변화했다고 주장한다
(Lafayette, Maximillien De. 2011. *Sumerian-English Dictionary: Vocabulary And History*. p.100.;
Fischer, Richard James. 2008. *Historical Genesis: From Adam to Abraham*. pp.38~42 참조).

2 조철수는 진흙을 원료로 사람을 만든다는 공통된 표현이 수메르 신화와 구약 창세기
에 등장함을 지적한다. 고대 메소포타미아의 신화는 죄지은 신의 피가 섞였다는 사실
을 명시한 반면 창세기에는 이와 같은 사실이 생략되었으나 이를 암시하는 대목이 구
약의 다른 내용에 담겨 있다고 그는 설명한다(조철수.《메소포타미아와 히브리 신화》.
pp.126~130참조). H. G. 웰스H. G. Wells는 그의 대표적인 SF 소설《타임머신》에서 자본주
의 사회가 극단적으로 치달은 미래 세계에 상류층은 하류층으로부터 생산품을 제공받
는 대신 자신들 중 일부를 그들의 먹이로 제공한다는 식의 끔찍한 미래상을 그렸다. 하
지만 수메르 신화에서 상류층은 반란을 일으킨 노동자들로부터 주모자를 넘겨받고, 그
주모자의 후손들에게 원죄를 씌워 노예로 삼아 일을 시키는 해결책을 내놓았다.

3 구약 창세기에서 인간들이 신들과 모습과 지혜가 같은데 영생까지 얻어 신들과 다름없
어지는 것을 경계한다. 수메르 신화에서 묘사된 것처럼 영생이 신들의 고유 능력이 아

니라 음식물을 통해 얻어지는 것이라면 인간을 신과 구분할 이유가 사라진다.

4   Mark, Joshua J. The Myth of Adapa. http://www.ancient.eu/article/216/; Andreasen, Niels-Erik. Adam and Adapa: Two Anthropological Characters. Andrews University Seminary Studies 19.3(Autumn 1981). pp.179~194.

5   Navarr, Miles Augustus. *Forbidden Theology: Origin of Scriptural God.* p.233.

6   엔키가 에리두에 최고신 안의 정원을 만들고 아다파를 정원사로 임명하여 이 정원을 가꾸도록 시켰다는 고대 메소포타미아 신화 내용은 구약 창세기의 에덴동산에 조성되었다는 정원 이야기를 상기시킨다(George, Author & Elena. *The Mythology of Eden.* pp.111~112 참조). 영국 근동고고학의 선구자인 테오필루스 핀치스Theophilus G. Pinches는 쐐기문자로 쓰여진 아시리아와 바빌로니아의 문헌들 내용을 열거하면서 에리두가 히브리 창세기 에덴의 모델임을 지적한 바 있다. Pinches, Theophilus G. 1908. *The Old Testament in the Light of the Historical Records and Legends of Assyria and Babylonia.* pp.43~73 참조.

7   수메르 신화에는 에쿠르E-Kur와 에리두Eridu를 포함한 만신전이 쿠르갈Kur-gal에 존재한다고 되어 있다. 여기서 쿠르갈은 수메르를 의미하는데, 이는 하계를 의미하는 키갈ki-gal과 동의어다. 즉, 실제 신들의 활동 무대인 수메르는 하계에 있었다고 봐야 한다. 하계의 정확한 의미에 대해서는 본문에서 논의가 이루어질 것이다. Kramer, Samuel Noah. *Sumerian Mythology.* p.76 참조.

8   브룩 윌렌스키 랜포드. 《에덴 추적자들》.

9   Rohl, David. *Legend: the Genesis of Civilisation.* pp.614~618.; Collins, Andrew. *Gods of Eden: Egypt's Lost Legacy and the Genesis of Civilization.* p.233.

10 Hancock, Graham. *Fingerprints of the Gods: The Quest Continues.* pp.487~497.

11 Oppenheimer, Stephen. *Eden in the East: The Drowned Continent of Southeast Asia.*

12 맹성렬. 《오시리스의 죽음과 부활》.

13 김종락. "명대 세계 최고 아프리카 지도 공개". 〈문화일보〉(2002년 11월 13일).; Leithead, Alastair. Africa's Oldest Map Unveiled. BBC News. 12 November, 2002. http://news.bbc.co.uk/2/hi/africa/2446907.stm

14   1488년 포르투갈의 바르톨로메우 디아스Bartolomeu Dias가 서구에서는 최초로 희망봉을 탐험했고, 1498년에 포르투갈의 바스쿠 다 가마Vasco da Gama가 희망봉을 돌아 인도까지 이르는 항로를 개척했다. 그 직후인 1503년에 아프리카 남단 희망봉 일대가 뾰족하게 묘사된 서구 최초의 지도인 〈칸티노 지도〉가 등장한다.

15   KBS 〈문명의 기억, 지도〉 제작 팀.《문명의 기억, 지도》. p.47. 17세기경에 제작되었다는 것이 학계의 중론이다.

16   "혼일강리역대국도지도". 위키사전. http://ko.wikipedia.org/wiki/%ED%98%BC%EC%9D%BC%EA%B0%95%EB%A6%AC%EC%97%AD%EB%8C%80%EA%B5%AD%EB%8F%84%EC%A7%80%EB%8F%84

17   〈강리도〉의 기록을 조사해보니 1320년경 원나라 때 사용하던 명칭이 나타났다고 한다. KBS 〈문명의 기억, 지도〉 제작 팀.《문명의 기억, 지도》. p.56 참조.

18   같은 책. pp.75〜84.

19   같은 책. p.29. p.76. p.91. 제작 팀은 나일강의 발원지인 '달의 산'에 대한 기록을 추적한 끝에 이런 결론에 도달했다.

20   Herodotus. *The History of Herodotus*. pp.28〜29.

21   페니키아는 본래 이집트의 영향력 아래 있었으며, 기원전 1500년경까지 이집트 파라오 투트모스 3세의 통치를 받았다. 그 후 페니키아는 지중해를 본거지로 하는 독자적인 해양 세력으로 성장했다. 기원전 12세기경 이집트의 영향력이 매우 약해지면서 페니키아는 지중해에서 가장 강력한 세력으로 부상했으며 스스로 식민지를 개척하기 시작했다. 네코 2세의 요구에 의한 페니키아인들의 아프리카 대륙 일주 항해는 기원전 538년의 페르시아에 의한 지배가 있기 직전에 이루어졌다. "페니키아". 네이버 지식백과.

22   Herodotus and Lendering, Jona. The circumnavigation of Africa. http://www.livius.org/he-hg/herodotus/hist01.htm; An Introduction to the History and Culture of Pharaonic Egypt: Voyages of Exploration and Trade. http://www.reshafim.org.il/ad/egypt/timelines/topics/exploration.htm

23   Early World Maps. Wikipedia. https://en.wikipedia.org/wiki/Early_world_maps#Hecataeus_of_Miletus_.28c._550.E2.80.93476_BCE.29

24   KBS 〈문명의 기억, 지도〉 제작 팀.《문명의 기억, 지도》. p.49.

25   나이저강은 기니의 고지대에서 발원하여 북동쪽으로 흐른다. 사헬에 도착한 강물은 동
     쪽으로 우회하는데 바로 그 지점에 세계적으로 유명한 습지가 자리하고 있다. 해마다
     나이저강과 바니강의 수위가 상승해 거대한 지역이 침수된다. 범람원의 면적은 건기에
     는 4,000제곱킬로미터로 줄어들지만 우기에는 2만 제곱킬로미터까지 늘어나 세계 최대
     의 내륙 습지가 된다. "이너 나이저 삼각주Inner Niger Delta". 네이버 지식백과.《죽기 전에
     꼭 봐야 할 자연 절경 1001》. 2008. 마로니에북스 참조. http://terms.naver.com/entry.
     nhn?docId=949230&cid=42867&categoryId=42867

26   Freeman, Lawrence & DeToy, Donielle. EIR Brings Transaqua Plan. BRICS to
     Lake Chad Event.; Winters, Clyde. Lake MegaChad and the Rise of Egypt and
     the Maa Civilization.; Drake1, Nick & Bristow, Charlie. Shorelines in the Sahara.;
     Johnson, Rick. Doorways to Pellucidar: Zanthodon. Bill & Sue-On Hillman's
     ERBzine. vol. 3643. http://www.erbzine.com/mag36/3643.html

27   How Did Eratosthenes Measure the Circumference of the Earth? Todas las cosas
     de anthony.com. http://todaslascosasdeanthony.com/2012/07/03/eratosthenes-
     earth-circumference/

28   아리스토텔레스Aristotle(기원전 384~322)는 그의 저서《하늘에 관하여On the Heavens》에
     서 이런 사실을 밝히고 있으며, 지구 둘레 길이가 6만 킬로미터 남짓 된다고 하여 상
     당히 그럴듯한 추정을 해냈다. Aristotle, Jonathan Barnes ed. *On the Heavens*.
     pp.488~489 참조.

29   서구에서는 중세 때부터 월식이나 일식 때 경도를 측정하는 방법이 알려져 있었는데
     17세기 초까지 그 오차가 3도 안팎이었다. Buissere, David. "Secret Science: Spanish
     Cosmography and the New World (review)". Technology and Culture. vol. 51. no. 4.
     pp. 1021~1023.; Randles, W. G. L. *Portuguese and Spanish Attempts to Measure
     Longitude in the 16th Century*. pp.151~153 참조.

30   Sobel, Dava. *Longitude*.; Longitude Prize. Wikipedia. http://en.wikipedia.org/
     wiki/Longitude_prize

31   Walkup, Newlyn. Eratosthenes and the Mystery of the Stades-Meridian of
     Alexandria and Syene.

32   본초자오선本初子午線은 경도 측정의 기준이 되는 자오선으로 현대에는 영국 런던의 그

리니치천문대를 지난다. Vrettos, Theodore. *Alexandria*. p.54 참조.

33 How Did Eratosthenes Measure the Circumference of the Earth? Todas las cosas de anthony.com. http://todaslascosasdeanthony.com/2012/07/03/eratosthenes-earth-circumference/

34 Brown, Ronald A. & Kumar, Alok. A New Perspective on Eratosthenes' Measurement of the Earth.

35 Dutka, Jaques. "Eratosthenes' Measurement of the Earth Reconsidered". p.57.

36 고대 그리스의 지리 측정 전문가들은 알렉산드로스대왕이 아시아 원정을 할 때 따라가서 그가 정복한 땅의 면적을 계산해주었다. 이들이 계산해낸 거리는 동일 보폭에 의한 방법으로는 도저히 달성할 수 없는 평균 3~4퍼센트 정도의 오차 밖에 내지 않았기 때문에 이들이 정밀한 주행거리계odometer를 사용했을 것이라는 추정을 하는 학자들이 있다. Bemetist. Wikipedia. http://en.wikipedia.org/wiki/Bematist 참조.

37 Lloyd, G. E. R. *Greek Science After Aristotle*. p.49.

38 Walkup, Newlyn. Eratosthenes and the Mystery of the Stades.; Gulbekian, Edward. The Origin and Value of the Stadion Unit used by Eratosthenes in the Third Century BC.; Engels, Donald. "The Length of Eratosthenes' Stade".

39 Gallo, Isaac Moreno. *Roman Surveying*.

40 Laplace, Pierre-Simon. *Exposition du systeme du monde*. pp.411~412.

41 Dreyer, J. L. E. "The well of Eratosthenes". The Observatory. vol. 37. p.353.

42 북회귀선이 북위 23도 50분에 있으면, 하짓날 정오 수직 막대 그림자가 드리워지지 않는 곳은 북위 23도 35분에서 24도 5분 사이가 된다.

43 Dreyer, J. L. E. "The well of Eratosthenes". The Observatory. vol. 37. p.352.

44 Dilke, O. A. W. *Mathematics and Measurement*. p.35.

45 최초로 원의 각도를 360도로 정한 것이 기원전 2400년경의 고대 메소포타미아문명에서였다는 것이 지금까지 정설이다(Holladay, April. Wonderquest: The 360-degree circle is 4400 years old. USA Today. June 21. 2002 참조). 하지만 이보다 최소한 1,500년 전에 고대 이집트

에서도 원을 360도로 나누어서 사용했음이 명백하다. 다음 장에서 논의하겠지만, 고대 이집트와 메소포타미아문명은 공통된 모체문명에서 갈라져 나왔다고 볼 여러 근거들이 있으며, 따라서 모체문명 때부터 원을 360도로 나누어 사용했을 가능성이 높다.

46 기원전 4000년경에 북회귀선의 정밀 측정이 최초로 이루어졌다고 가정해도 이는 주류 학계에서 주장하는 문명의 출발 시기보다 500년 정도 앞선 것이다. 그런데 이런 수준의 측정이 이루어지려면 이미 상당한 과학기술이 확보된 후여야 한다. 따라서 기원전 4000년경도 문명의 시작점이 아니며 그보다 더 이른 시기로 거슬러 올라가서 인류 문명의 시작점이 존재했다고 봐야 한다.

47 미르치아 엘리아데, 《영원회귀의 신화》.

48 Redford, Donald B. *The Ancient Gods Speak–A Guide to Egyptian Religion*. p.243.

49 고대 이집트 왕권 신화에서 주인공은 생식세포 상태의 호루스가 신체의 일부인 오시리스라고 해야 한다. 맹성렬, 《오시리스의 죽음과 부활》. p.223 참조.

50 Serekh. Wikipedia. http://en.wikipedia.org/wiki/Serekh

51 Seidl, Ursula C. *Die Babylonischen Kudurru Reliefs: Symbole Mesopotamischer Gottheiten(Orbis Biblicus et Orientalis)*. p. 60.

52 The 1st Dynasty Tombs of Saqqara in Egypt. http://www.touregypt.net/featurestories/firstdynastysaqqara.htm

53 Isler, Martin. *Sticks, Stones, and Shadows: Building the Egyptian Pyramids*. p.74. 고대 이집트의 파라오는 고대 메소포타미아의 신과 동등한 격의 상징을 사용했다.

54 The Citadel of the Gods: Sakkara. http://clients.teksavvy.com/~cgraves/pyramid_sakkara.htm

55 Handcock, Percy S. P. *Mesopotamian Archaeology: An Introduction to the Archaeology of Mesopotamia and Assyria*. p.136.

56 Lundquist, John M. *The Temple of Jerusalem: Past, Present, and Future*. p.xiii.

57 Rundle-Clark, R. T. *Myth and Symbol in Ancient Egypt*. pp.37~38.; Pinch, Geraldine. *Handbook of Egyptian Mythology*. pp.180~181.

58 Hikade, Thomas. Origins of Monumental Architecture: Recent Excavations at Hierakonpolis HK29B and HK25 in Friedman, R. & Fiske. P. N. eds. 2011. p.15.; Sweeney, Emmet John. *The Genesis of Israel and Egypt*. p.40. 신성한 모래 언덕은 헬리오폴리스Heliopolis에서도 발견된다.

59 마이클 우드Michael Wood.《인류 최초의 문명들》. p.185.

60 같은 책. p.28. 주류 수메르학 학자들은 남부 메소포타미아의 에리두가 신화의 무대라고 믿고 있으나 그곳은 신화 속의 에리두를 모방해서 건설한 대체 성지다.

61 Kramer, S. N. *Sumerian Mythology*. pp.62~63.

62 Unger, Eckkard. Eridu. "Reallexikon der Assyriologie und Vorderasiatischen Archäologie". *vol. 2*. p.467.; Dynastic Race Theory. Wikipedia. http://en.wikipedia. org/wiki/Dynastic_Race_Theory

63 고대 이집트 문헌들에 갈대의 평원이 태고의 언덕과 너무 밀접하게 묘사되어 있어 근동학자 앙리 프랑크포르Henri Frankfort는 갈대의 평원이 섬이며 죽은 후 부활을 위해 적당한 땅인 태고의 언덕의 다른 이름일 수 있다고 추정한 바 있다(Frankfort, Henri. *The Art and Architecture of the Ancient Orient*. p.120 참조). 고대 이집트 신전을 보면 출입구에서 가장 안쪽의 지성소至聖所로 가면서 갈대를 상징하는 신전 열주들이 늘어서 있다. 여기서 지성소만을 태고의 언덕으로 보고 신전 열주 부분을 갈대의 평원으로 볼 수도 있으나 (Bunson, Margaret. *Encyclopedia of Ancient Egypt*. p.400), 지성소 쪽으로 갈수록 하늘을 상징하는 천정을 조금씩 낮추어지도록 하여 갈대가 자라는 지대가 점차 높아지는 것으로 표현되어 있어 어디까지가 갈대의 평원이고 어디까지가 태고의 언덕인지 그 경계가 뚜렷하지 않다. 신전 내부 전체가 갈대의 평원에서 태고의 언덕으로 자연스럽게 전이되는 상태를 표현했다고 봐야 하며, 따라서 갈대의 평원 일부가 태고의 언덕이라고도, 태고의 언덕 일부가 갈대의 평원이라고도 볼 수 있다. 존 테일러John H. Taylor는 고대 이집트의 명계를 구성하는 두 가지 중요한 요소로 '갈대의 평원'과 '태고의 언덕'이라고 지적한다. 중세 이후의 고대 이집트인들은 오시리스의 영역을 명계冥界라고 생각했다(Taylor, John H. *Journey Through the Afterlife: Ancient Egyptian Book of the Dead*. pp.137~138 참조).

64 마이클 우드는 물에서 솟아난 에리두의 상징이 고대 이집트의 태고의 언덕 상징과 일치하는 것을 수메르와 이집트 간의 직간접적인 교류 측면에서 바라보지 않고 인류가 지닌 신화의 보편성으로 설명한다(마이클 우드,《인류 최초의 문명들》. p.185 참조). 하지만 이런 개념은 신화의 보편성 때문이 아니라 두 문명이 오시리스라는 신을 매개로 신화적 유산을

공유하고 있기 때문에 생겨난 것이다.

65 The Mound of Osiris. Egypt Centre. http://www.egypt.swan.ac.uk/index.php/
    events/612-w1982-mound

66 Diodorus Siculus. *The historical library of Diodorus the Sicilian.* p.49.

67 Plutarch. *Moralia. Loeb Classical Library. vol. 5.* p.35.

68 Budge, E. A. Wallis. *The Rise and Progress of Assyriology.* pp.277~278.

69 Enuma Elish: The Seventh Tablet. http://www.bibliotecapleyades.net/sumer_
    anunnaki/esp_sumer_annunaki01g.htm

70 Bottéro, Jean. *Mesopotamia.* pp.94~95.

71 Kamil, Jill. *Sakkara: A Guide to the Necropolis of Sakkara and the site of
    Memphis.* p.18.

72 Jacobsen, Thorkild. *The Treasures of Darkness: A History of Mesopotamian
    Religion.* p.102.; Rohl, David M. *A Test of Time The Bible-from Myth to History.*
    p.606.

73 Budge, E. A. W. *Osiris & the Egyptian Resurrection. vol. I.* p.24.

74 Budge, E. A. W. *Osiris & the Egyptian Resurrection. vol. I.* p.25.; Budge, E. A. W.
    From Fetish to God in Ancient Egypt. pp.188~189. 고대 메소포타미아 쐐기문자는
    상형문자를 옆으로 뉘어놓은 형태다. 따라서 '아사리'를 나타내는 쐐기문자는 처소에
    눈이 들어가 있는 모습을 나타낸다. 이집트 문자 '아사리'는 처소 아래에 눈이 놓여 있거
    나 위에 올려져 있는 형태를 나타낸다.

75 *Kramer, Samuel Noah. The Sumerians-Their History, Culture, and Character.*
    p.122.

76 Myths and Legends of Babylonia and Assyria: Chapter VI-The Great God
    Merodach and His Cult. Wisdom Library. http://wisdomlib.org/mesopotamian/
    book/myths-and-legends-of-babylonia-and-assyria/d/doc7166.html

77 Enki. Wikipedia. http://en.wikipedia.org/wiki/Enki

78 조철수.《수메르 신화》. p.41. 조철수의 책에는 아사리 대신 아살루히Asalluhi로 되어 있다. 아살루히는 아사리Asari와 루히luhi가 결합한 것으로, 루히는 그의 구마 사제로서의 역할을 설명해준다고 볼 수 있다. Bottéro, Jean. *Mesopotamia*. p.234 참조.

79 Kearsley G. R. *Inca Origin: Asian Influence in Early South America in Myth, Migration and History*. p.17.

80 조철수.《메소포타미아와 히브리 신화》. pp.204~206. 조철수는 신들의 계보에서 최고 권력을 계승하는 아사리가 최고신 엔릴이 아니라 엔키의 아들로 소개되고 있는 배경과 요인이 바빌로니아의 신관에 큰 분기점에 되고 있다고 지적한다.; Asalluhi god. Ancient Mesopotamian Gods and Goddesses. http://oracc.museum.upenn.edu/amgg/listofdeities/asalluhi/

81 Sorensen, Eric. *Possession and Exorcism in the New Testament and Early Christianity. vol. 2*. pp.26~27.

82 Yurco, Frank. "An Egyptological Review" in Lefkowitz, Mary R. and Rogers, Guy MacLean(eds). 1996. pp.62~100.; Kamil, Jil. *Sakkara: A Guide to the Necropolis of Sakkara and the site of Memphis*. p.68.; Woolley, C. Leonard. *The Sumerians*. p.47.

83 Mitchell, Larkin. "Earliest Egyptian Glyphs". vol. 52. no. 2 Archaeology Magazine.

84 Roux, Georges. *Ancient Iraq*. p.78.

85 Woolley, C. Leonard. *The Sumerians*. p.187.

86 영국의 고고학자 플린더즈 피트리Flinders Petrie는 19세기에 기자 대피라미드를 정밀 측정하고서 그때까지 만들어진 가장 정밀한 건축물임을 선언했다(Petrie, Flinders. *The Arts & Crafts of Ancient Egypt*. pp.81~82 참조). 이는 오늘날에도 변함없는 사실이다. 기자 대피라미드의 정밀도와 관련해서 현재의 정밀 건축에 사용되는 것과 같은 성능의 고정밀 측정장치가 사용되었으리라고 추정하는 고고학자가 있을 정도다(Edwards, I. E. S. *The Pyramid of Egypt*. p.257 참조).

87 Petrie, Flinders. *The Pyramids and Temples of Gizeh*. p.12. pp.78~79.; Moorey, Peter Roger Stuart. *Ancient Mesopotamian Materials and Industries: The Archaeological Evidence*. p.25.; Gorelick, L. & Gwinnett, A. J. "The Change from Stone Drills to Copper Drills in Mesopotamia: An Experimental Perspective."

Expedition. vol. 29. no. 3. pp.15~24.

88 Clark, Somer & Engelbach, R. *Ancient Egyptian Construction and Architecture*. p.25.

89 Emery, W. B. *Archaic Egypt*. p.222.

90 Rowling, J. T. "The Rise and Decline of Surgery in Dynastic Egypt". Antiquity. vol. 63. issue 239. pp312~319.

91 James, Peter. *Sunken Kingdom: The Atlantis Mystery Solved*. p.174.; Emery, W. B. *Archaic Egypt*. p.165.

92 Williams. B. & Logan. T. J. "The Metropolitan Museum Knife Handle and Aspects of Pharaonic Imagery Before Narmer". Journal of Near Eastern Studies. vol. 46. pp.245~285. 윌리엄스와 로건은 고대 이집트 선왕조기에 나타났던 수메르풍이 모두 왕조시대 이집트의 왕권 신화에 직결된 것들이었다고 지적한다. 이런 것들로 사냥, 짐승들의 주인, 승리 및 적의 희생제, 벽감 장식이 된 궁전으로의 범선 행진, 왕실 축제 등이 있다.

93 Emery, W. B. *Archaic Egypt*. p.40. p.177. 메소포타미아 땅에서 그런 유물이 거의 변형되지 않고 역사 기간 내내 계속 등장했으나 이집트 땅에서는 중요 종교 행사 때만 잠깐씩 등장한 이유는 다음과 같이 설명 가능하다. 고대 메소포타미아인들에게 종교적 유물들은 신이 준 선물이므로 금과옥조처럼 변형 없이 그대로 간직할 의무가 있었다. 하지만 고대 이집트의 파라오들은 그 종교적 유물이 자신들의 조상들로부터 물려받은 것이었고, 이를 기반으로 이미 오래 전부터 더욱 문명을 발달시켜서 그 원형이 많이 변형되었다. 그들은 평상시에는 변형된 문물을 사용하다가 종교 축제 때에는 숨겨둔 오랜 조상들의 문물을 복원했던 것으로 보인다.

94 리처드 해리스. 《파라다이스》. p.121.; Wauchope, Robert. 1962. *Lost Tribes and Sunken Continents*. ; Smith, Joshua D. *Egypt and the Origin of Civilization: The British School of Culture Diffusion, 1890s~1940s*. Smith, Joshua D. & Friedrich, Horst. A Diffusionist View on the Genesis of Civilizations. file:///C:/Documents%20and%20Settings/%EC%BB%B4%ED%93%A8%ED%84%B0/My%20Documents/Downloads/hf-A%20diffusionist%20view.pdf ; Trans-cultural diffusion. Wikidepia. https://en.wikipedia.org/wiki/Trans-cultural_diffusion#cite_note-4

95 1992년 독일의 병리학자 스베틀라나 발라바노바svetlana Balabanova가 기원전 1000년부터 기원후 400년 사이의 이집트 미라 9개에서 코카인 성분을 검출했다. 이 사실이 발표되자 관련 주류 학계로부터 강한 반론이 제기되었다. 코카인은 오직 남미 안데스 산지의 코카나무에서만 추출가능하기 때문이다. 이후 스베틀라나는 콜럼버스 시대보다 수백 년 전에 제작된 수단 지역의 미라 샘플 134점에 대한 도핑 테스트를 실시해 역시 코카인 성분을 검출해냈다. Parsche, F. et al. Drugs in Ancient Populations. The Lancet. vol. 341. p.503 참조. 이런 결과들로부터 콜럼버스 시대보다 훨씬 이전부터 구대륙의 누군가가 남미 안데스를 오가며 교역을 했을 가능성이 제기되었다. 인류학자 찰스 피어스Charles E. M. Pearce 등은 인도네시아의 스파이스군도에 사는 동남아시아인들이 기원전 1600년경부터 이런 교역을 주도했다고 본다. Pearce, C. E. M. et al. *Oceanic Migration: Paths, Sequence, Timing and Range of Prehistoric*. pp.135~136 참조.

96 Kehoe, Alice B. "The Fringe of American Archaeology: Transoceanic and Transcontinental Contacts in Prehistoric America". Journal of Scientific Exploration. vol. 17. no. 1. pp.19~26.

97 Palleres, Ricardo. Who Discovered America? Archaeology Online.; Lal, Chaman. Who Discovered the Americas? Clues to Influences from Ancient Hindus, Vedic Empire.

98 Petricevic, Ivan. Ancient Maya Construction Details in Indonesian Temples? Ancient Code. http://www.ancient-code.com/ancient-maya-construction-details-indonesian-temples/ 또 다른 유사한 형태의 신전으로 수꾸Sukuh 신전이 있다.

99 India on Pacific Waves? Hindu Wisdom. http://www.hinduwisdom.info/Pacific.htm

100 가종수.《신들의 섬 발리: 지상 최후의 낙원을 찾아서》. pp.295~297.; Mayan & Assyrian Connection: the Mysteries of Cetho Temple, Sukuh & Penataran Temple in Indonesia. http://www.abovetopsecret.com/forum/thread669531/pg1; Striking Hindu Temples With A Secret Ancient Connection Leading To The Maya And Sumer Civilization. January 25, 2015. http://www.messagetoeagle.com/hiddenconnectionhindutemples.php#.VUQSXo7tmko; Explanation of the Existence Cetho Temple, Karanganyar, Central Java. Most Temple to Know the Level of Development of Human Culture Ever Achieved. One of Which Is

a Temple. June 8, 2013. http://mosttemple.blogspot.kr/2013/06/explanation-of-existence-cetho-temple.html; Prehistoric Indonesia, Wikipedia. http://en.wikipedia.org/wiki/Prehistoric_Indonesia

101 가종수. 《신들의 섬 발리: 지상 최후의 낙원을 찾아서》. pp.295~297.; Yoga, Dar Edi. Comparing the Megalithic Sites Cibedug and Mount Padang.

102 International Conference & Festival for North Balinese Culture 2013. http://infoartcentre.blogspot.kr/2013_07_01_archive.html; http://202.169.224.249/root/normatif/sejarah/1_2_kebudayaan_masyarakat_prasejarah/sej102_05.htm

103 "인도네시아 2만 년 전 피라미드 발견". 〈KBS 뉴스광장〉. 2015년 4월 3일. http://news.kbs.co.kr/news/NewsView.do?SEARCH_NEWS_CODE=3049647

104 Oldest Pyramid on the Planet. http://padangpyramid.blogspot.kr/

105 Hirst, K. Kris. Eridu Iraq. http://archaeology.about.com/od/eterms/g/eridu.htm

106 Sotysiak, Arkadiusz. "Physical Anthropology and the 'Sumerian Problem'". Studies in Historical Anthropology. vol. 4. pp.145~158.

107 Wooley, Leorard. Ur Excavation. vol. IV. The Early Period. pp.8~14.

108 Oppenheimer, S. Eden in the East: The Drowned Continent of Southeast Asia. pp.76~77. 이런 관점에서 보면 인도네시아에서 수메르풍의 유적이 발견되는 것이 전혀 이상한 일이 아니다.

109 Landsberger, Beno. Three Essays on the Sumerians: Monograph on the Ancient Near East. vol. 1. Fascicle 2. pp.8~9.

110 Frankfort, Henri. "Archaeology and the Sumerian Problem: Relations with the East and the North" In Breasted. J. H. & Allen, T. G. eds. 1932. p.40.

111 van Binsbergen, Wim. A Note on the Oppenheimer-Tauchmann Thesis on Extensive South and South Asian Demographic and Cultural Impact on Sub-Saharan African in Pre- and Protohistory. 'Rethinking Africa's Transcontinental Continuities in Pre- and Protohistory'. p.7. 오시리스 이외에도 네이트Neith나 메네스Menes에 대해서도 지적하고 있다.

112 실제로 이 언어가 일상에서 사용되었는지, 사용되었다면 언제까지 어떤 용도로 사용되었는지에 대해서는 확실한 증거가 존재하지 않는다. 오늘날 성당에서 종교 의식 때 사용되는 라틴어처럼 종교적인 목적으로만 국한되어 사용되었을 가능성이 제기된 바 있다.

113 Manansala, Paul Kekai. Austric Relationship of Sumerian Language. http://asiapacificuniverse.com/pkm/sumer.htm; Manansala, Paul Kekai. The Austric Origin of the Sumerian Language. Language Form. vol. 22. no. 1∼2.

114 Shrama, Usha & S. K. *Discovery of North East India*. p.23.

115 Malhotra, Ashok. Tracing the Origin of Ancient Sumerians. http://www.armeniapedia.org/index.php?title=Tracing_the_Origin_of_Ancient_Sumerians

116 Oppenheimer, S. *Eden in the East: The Drowned Continent of Southeast Asia*. p.11. pp.483∼485.

117 Ibid. pp.429∼431.

118 Ibid. p.177.

119 Malays the Earliest to Practice Farming in the Sundaland. Physic.Org(May 18, 2015). http://phys.org/news/2015-05-malays-earliest-farming-sundaland.html

120 Savolainen, Peter et al. "Genetic Evidence for an East Asian Origin of Domestic Dogs". Science. vol. 298. pp.1610~1613.; Ding, Z-L et al. "Origins of Domestic Dog in Southern East Asia is Supported by Analysis of Y-chromosome DNA". Heredity. vol. 108, pp.507~514.; Expertanswer (Expertsvar in Swedish). "First Dogs Came from East Asia, Genetic Study Confirms." ScienceDaily(November 28, 2011). www.sciencedaily.com/releases/2011/11/111123132937.htm; Whitehouse, David. World's 'Oldest' Rice Found. BBC News(21 October, 2003).; 박태식. 2009. "고대 한반도에서 재배된 벼의 전래 경로에 대한 고찰". 〈한국작물학회지〉. 54권 1호. 119∼123쪽.

121 Barker, Graeme. Footsteps and Marks: Transitions to Farming in the Rainforests of Island Southeast Asia. Colloquium Series Fall 2008. pp.7∼8. http://www.yale.edu/agrarianstudies/colloqpapers/03barker.pdf; Denham, T. & Barton, H. "Prehistoric Vegeculture and Social Life in Island Southeast Asia and Melanesia"

in Barker, Graeme & Janowski, Monica ed. 2011. p.19.; Bayliss-Smith, T. Golson, J. Hughes, P. et al. 'Archaeological Evidence for the Ipomoean Revolution at Kuk Swamp, Upper Wahgi Valley, Papua New Guinea' in Ballard. Chris et al. 2005. pp.109~120.

122 Baigent, Michael. *Ancient Traces: Mysteries in Ancient and Early History*. p.121.; Andel, Tjeerd H. Van. "Late Quaternary Sea-level Changes and Archaeology". Antiquity. vol. 63. issue 241. p.742.

123 Barot, Trushar. 1998. Divers Find World's Oldest Building. The Sunday Times. April 26. 1998. p.4. 요나구니 구조물은 순다 대륙 문명과 남미 안데스의 선잉카문명의 깊은 연관성을 보여주는 중요한 유적일 수 있다. 이 문제와 관련해 요나구니의 건설자들이 1만 5,000년 전에 미 대륙으로 건너갔을 것이란 주장이 있다(The Faram Research Foundation. 2015. Yonaguni Pyramid : A Geoglyphic Study of The Yonaguni Monolith. Japan. http://www.yonaguni.ws/ 참조). 이 문제는 다음 장들에서 좀 더 구체적으로 살펴볼 것이다.

124 Schoch, Robert. *Voices of the Rocks*. p.112. 이런 주장은 시에네에서 지구 형태와 크기를 측정한 시점이 1만 년 이전으로까지 거슬러 올라갔을 가능성을 지지해준다. 최근 오스트로네시안들이 인도네시아에서 퍼져나간 것이 아니라 타이완에서 퍼져나갔다는 유전학적 근거를 제시하는 연구 결과가 발표된 바 있다. 만일 이런 주장이 사실이라면 모체문명의 기원을 오늘날의 순다해협 쪽보다는 요나구니(타이완) 쪽에서 찾아야 할지 모른다. 실제로 고도의 해양 항해술을 갖춘 종족들은 요나구니와 술라웨시섬을 잇는 월리스 라인이 존재하는 순다랜드 극동부에서 활동했을 것이다. Rochmyaningsih, Dyna. "'Out of Sundaland' Assumption Disproved". Oct. 28, 2014. The Jakarta Globe 참조

125 Danver, Steven L. *Popular Controversies in World History: Investigating History's Intriguing Questions*. p.166.; The Sundaland Gene. http://dnaconsultants.com/sundaland-gene; 4대 문명의 기원을 기원전 10000년까지 거슬러 올라가 추적하는 것이 무의미하다는 것이 관련 주류 학계의 공통된 의견이었는데, 최근 터키 고원 지대에서 기원전 8000~10000년에 건설된 것으로 추정되는 괴베클리 테페Göbekli Tepe나 네발리 초리Nevalı Çori 등의 사원 도시들이 발굴되면서 이런 고정관념이 무너지고 있다(필립 코펜스 《사라진 고대문명의 수수께끼》. pp.109~125 참조). 특히 네발리 초리 신전과 여기서 발견된 돌기둥 석상은 각각 안데스 티와나쿠의 태양 신전, 그리고 그 안의 기둥 석상과 매우 유사하다(맹성렬. "기원전 1만년, 누가 바다를 정복했을까". 〈신동아〉. 2013년 10월호. p.481 참조). 기

원전 6500년으로 추정되는 동유럽 보스니아 빙카 문화Vinca Culture는 가장 오래된 유럽 문명으로 부각되고 있으며 여기서 발견된 조각상들이 수메르 우바이드 시대의 조각상 들과 매우 비슷하다. 또한 보스니아 피라미드로 널리 알려진 비소코의 피라미드 언덕은 아직 주류 학계에서는 인정하지 않고 있으나 많은 고고학자들이 그 실재를 긍정적으로 바라보고 있는 상태다(필립 코펜스 《사라진 고대문명의 수수께끼》. pp.42~61 참조). 스티븐 오펜하이머의 이론에 따르면 이 문명들이 모두 순다랜드에서 이주해온 것이 된다.

126 van Binsbergen, Wim M. J. & Woudhuizen, Fred C. Ethnicity in Mediterranean Protohistory. British Archaeological Reports(BAR) International Series 2256.

127 박종진. "인류 최초의 수메르문명은 한민족 역사". 〈데일리한국〉. 윤 작가가 영향받은 책 들로는 문정창이 저술한 《한국·수메르·이스라엘 역사》와 정연규가 저술한 《수메르· 이스라엘 문화를 탄생시킨 한민족》 등이 있다.

128 조철수. "수메르어-국어고어 문법범주 대조분석". 〈언어학〉. 제19권.

129 박기용. "수메르어 격체계 대조분석". 〈언어학〉 16권. 0호.

130 "수메르어와 한국어의 유사성". Entertainment News. http://bobjyeon.tistory. com/56

131 최근 버마와 인도 동부 나가랜드나 미조람에서 쓰이는 언어나 폴리네시아어(하와이, 뉴질 랜드어)가 일본어와 동계라는 주장이 힘을 받고 있다. "일본어". 엔하위키미러. https:// mirror.enha.kr/wiki/%EC%9D%BC%EB%B3%B8%EC%96%B4 참조.

132 Oppenheimer, S. Eden in the East: The Drowned Continent of Southeast Asia. p.142.

133 이영희. "이것이 백제사람 얼굴". 〈중앙일보〉. 2012년 9월 24일.

134 정강현 등. 2014. "다문화시대의 한국… 쌍꺼풀에 넓은 이마 남방계 얼굴로 간다". 〈중 앙일보〉. 2014년 9월 24일.

135 김수혜. 2014. "북방계 대표선수는 최지우. 남방계는 김혜수". 〈조선일보〉. 2007년 8월 4~5일.; 김소라. "최초의 한국인, 한민족 근원의 실마리 제시하다". 〈서울신문〉. 2014년 9월 11일. http://www.seoul.co.kr/news/newsView.php?id=20140911023007

136 "동남아가 동아시아인 기원". 〈연합뉴스〉. 2009년 12월 11일. http://news.naver.com/

main/read.nhn?mode=LSD&mid=sec&sid1=102&oid=001&aid=0003020012; 오스트릭어군에는 따이-까다이어족 외에 오스트로네시안, 오스트로아시아틱, 그리고 미아오 야오어족 등이 있다. Austric Languages. Wikipedia. http://en.wikipedia.org/wiki/Austric_languages

137 순다랜드에 정착했던 민족들 중 일부는 동인도네시아, 태평양 섬까지 진출했고, 일부 그룹은 북쪽으로 이동하면서 원주민들과 합류해 현재 우리가 분류하는 오스트로네시아인, 오스트로아시안, 따이-까다이, 후모민, 알타이족 등 5개 종족으로 분화되었다.(유용하. "일본인 조상은 한반도서 건너가". 10개국 과학자 공동 연구 결과. 〈매일경제〉. 2009년 12월 11일 참조). 울산과학기술대학의 박종화 교수는 따이-까다이어족에서 알타이어족이 분화되었다고 본다. 그는 주로 남쪽에 살던 따이-까다이어족이 북쪽으로 올라오면서 추운 환경, 평야, 스텝 같은 기존과 다른 환경에 적응하고, 유전적인 변화들이 생기면서 그것이 축적되어서 알타이 그룹이라는 독립적인 형태로 분화되었다고 본다. "KBS 파노라마 코리안 이브 2편: 비밀의 열쇠! 순다랜드". 2014년 9월 14일 참조.

138 "우랄알타이어족". 위키백과. http://ko.wikipedia.org/wiki/%EC%9A%B0%EB%9E%84%EC%95%8C%ED%83%80%EC%9D%B4%EC%96%B4%EC%A1%B1

139 환국桓國은 민족 사학자들 중 일부가 주장하는 인류 최초 문명으로 한민족이 중앙아시아의 천산天山(波奈留山, 7,200미터)에 세웠다고 한다. 이들에 의하면 수메르문명도 환국에서 비롯되었다. 김정열. "인류의 시원 문명국가. 환국-쉽게 읽는 환단고기". http://cafe.naver.com/namzosern/87

140 "Capital Cities and Tombs of the Ancient Koguryo Kingdom". World Heritage List. UNESCO. http://whc.unesco.org/en/list/1135

141 홍산紅山 문화는 중국 만리장성 북동부에 존재했던 신석기시대의 문화로 기원전 4500년에서 기원전 3000년경까지 번성했다. 요하문명의 대표 문화로 중화인민공화국 내몽골 자치구 적봉시와 요녕성 조양시 일대를 기반으로 하고 있다.

142 비록 홍산 문화가 한반도에 지대한 영향을 끼쳤지만 그것이 우리 민족만의 원류로 보아선 안 된다는 지적이 있다. 중화문명의 원류라고도 볼 수 있다는 입장이다(우실하. "7층짜리 거대 피라미드는 '판도라 상자'". 〈한겨레신문〉. 2010년 2월 4일). 다른 한편으로는 고조선이 홍산 문화의 적통을 이었으므로 홍산 문화는 우리 유적이라는 국수주의적 관점도 있다(이정훈. "중국이 절대 공개하지 않는 단군신화의 증거… 환웅의 정체 1").

143 중국의 고대문명인 하夏나라, 상商나라, 주周나라를 한꺼번에 일컫는 용어.

144 이런 관점에 따르면 중국문명은 세 곳에서 시작했다. 북동부 황제족黃帝族을 씨족으로 하는 홍산 문화, 중원 염제 신농씨의 화족華族을 씨족으로 하는 황하문명, 그리고 동남 연해 일대 하족夏族을 씨족으로 하는 앙소仰韶 문화가 그것이다.

145 Chinese Pyramids. http://www.satellite-sightseer.com/id/11610

146 Marder, William. *Indians in the Americas*. p.52.

147 파퓰러사이언스 엮음. 《미스터리 사이언스》. pp.152~154.

148 찰스 피어스Charles Pearce는 중국인들이 기원전 1500년경부터 기원후 900년까지 쿠로시오 해류를 타고 아메리카 대륙과 아시아를 오가는 교역을 하면서 아메리카 고대문명의 도시 문화에 영향을 끼치는 건축이나 장식 등에 필요한 기술을 전달했다고 주장한다. 이런 기술 중에는 당연히 계단형 피라미드 축조 기술이 포함된다. Pearce, Charles E. M. et al. *Oceanic Migration: Paths, Sequence, Timing and Range of Prehistoric*. pp.131~132 참조.

149 〈세계견문록 아틀라스〉. 제2부 '프레잉카, 베일을 벗다.' EBS. 2015년 5월 13일.

150 Fagan, Garrett G(ed). *Archaeological Fantasies*. pp.362~367.; "Hyperdiffusionism in Archaeology". Wikipedia. http://en.wikipedia.org/wiki/Hyperdiffusionism_in_archaeology

151 Crook, Paul. 2011. Grafton Elliot Smith, Egyptology and the Diffusion of Culture: A Biographical Perspective. http://www.sussex-academic.com/sa/titles/biography/Crook.htm; Grafton Elliot Smith. Wikipedia. http://en.wikipedia.org/wiki/Grafton_Elliot_Smith

152 "First City in the New World? Peru's Caral Suggests Civilization Emerged in the Americas 1,000 Years Earlier Than Experts Believed". Smithsonian Magazine. August. 2002. http://www.smithsonianmag.com/history/first-city-in-the-new-world-66643778/?page=1

153 손영식. "가장 오래된 메조아메리카 무덤, 피라미드 유적서 발견". 〈서울신문〉. 2010년 5월 21일.

154 "테오티우아칸". 위키백과. http://ko.wikipedia.org/wiki/%ED%85%8C%EC%98%A
4%ED%8B%B0%EC%9A%B0%EC%95%84%EC%B9%B8

155 상나라는 기원전 1600년경에 상商족이 하나라를 멸망시키고 황하 하류를 중심으로 세
운 왕조다. 중국 최초로 한자의 기원이 되는 문자인 갑골문을 사용하여 천문 현상과 간
지干支의 시간을 기록했으며 정교한 청동기 문명을 발전시켰다. "상나라". 네이버 지식
백과.

156 Ree, Charlotte Harris. *Secret Maps of the Ancient World*. pp.23~30.

157 Mesoamerica Pyramids. Wikipedia. http://en.wikipedia.org/wiki/Mesoamerican_
pyramids

158 Hadingham, Evan. *Lines to the Mountain Gods: Nazca and the Mysteries
of Peru*.; Saylor, William. The Gods as Architects. http://paleocontact.com/
paleocontact/Other/The%20Gods%20as%20Architects/

159 Presto, Steve. *Who Made the Pyramids?* pp.199~200.; Heyerdahl, Thor et al.
Pyramids of Túcume : The Quest for Peru's Forgotten City.

160 Jacobs, James Q. Early Monumental Architecture on the Peruvian Coast:
Evidence of Socio-political Organization and the Variation in Its Interpretation.
www.jqjacobs.net/andes/coast.html

161 Caral Historical Facts and Pictures. http://www.thehistoryhub.com/caral-facts-
pictures.htm

162 해발고도 3,000~4,000미터. 길이 800킬로미터. 너비 130킬로미터. 페루 남동부, 볼리
비아 서부, 아르헨티나 북서부에 걸쳐 있다. 남아메리카 최대의 티티카카호湖와 포오
포호가 있으며 주변을 높이 5,000미터 이상의 고산들이 둘러싸고 있는데, 그중 사하마
(6,542미터), 일리마니(6,480미터), 이얌푸(6,428미터), 앙코우마(6,388미터), 사팔레리(5,654미터)
등이 대표적이다. "알티플라노고원". 네이버 지식백과.

163 Posnansky, A. *Tihuanacu: the Cradle of American Man. vol. II*. p.103.

164 Ibid. pp.90~91.

165 Wilson, Colin. *Atlas Of Holy Places & Sacred Sites*. p.121.

166 Hancock, Graham. *Fingerprints of the Gods: The Quest Continues*. p.385.

167 Lockyer, J. Norman. *Dawn of Astronomy*.

168 권삼윤. "안데스의 축복, 티티카카湖에서 영혼을 씻다". 〈신동아〉. 2001년 12월 1일.

169 조철수. "메소포타미아 신화는 남방 해상로를 거쳐 전해졌다". 〈신동아〉. 2000년 10월 1일.

170 김병모. 《김병모의 고고학 여행》.

171 Expeditions. The Tor Heyerdahl Institute. http://www.heyerdahl-institute.no/en/Company/Thor-Heyerdahl/Expeditions/; 이스터섬의 거석 건축양식과 티티카카호 주변인 시유스타니에서 발견되는 양식의 유사성을 주장하는 이도 있다(Pratt, David. 2004. Easter Island: Land of Mystery. Part3 of 4 참조). ; 로버트 석스Robert C. Suggs 등은 이스터섬의 석상들과 티와나쿠 석상들의 유사성이 전혀 없다고 지적하고 있다(Suggs, Robert C. *The Kontiki Myth* in Harding, Thomas G. & Wallace, Ben J. ed. 1972. p.37 참조). 하지만 이스터섬 석상들이 두 손을 앞으로 가지런히 모으고 있는 측면에서 티와나쿠 석상과 유사한 모티브를 공유하고 있다.

172 Moreno-Mayar, J. Víctor et al. "Genome-wide Ancestry Patterns in Rapanui Suggest Pre-European Admixture with Native Americans". Current Biology, vol. 24. no. 21 pp.2518~2525.; Ewen, Alex. New Study Shows Native Americans Traveled to Easter Island Before European Contact. Indian County. 17 November, 2014.

173 Hancock, Graham. *Fingerprints of the Gods: The Quest Continues*. p.84.

174 Schoch, Robert M. *Forgotten Civilization: The Role of Solar Outbursts in Our Past and Future*. pp.76~78. 채석장이 해수면 아래에 있다는 문제에 더하여 모스 경도가 매우 높아 가공이 어렵다는 점 또한 고려해야 한다.

175 Bellwood, Peter & Hiscock, Peter. "Australia and the Pacific Basin during the Holocene" in Scarre, Chris. *The Human Past*. p.297.

176 Oppenheimer, Stephen J. & Richards, Martin. "Polynesian Origins: Slow Boat to Melanesia?" Nature. vol. 410. pp.166~167.; Pearce, Charles E. M. et al. *Oceanic Migration: Paths, Sequence, Timing and Range of Prehistoric*. pp.44~45.

177 Rioukhina, Evelina. Secrets of the Megaliths of Sulawesi. UN Special no. 630.

178 Sulawesi. Wikipedia. http://en.wikipedia.org/wiki/Sulawesi

179 "미국의 아메리카 원주민". 위키백과. http://ko.wikipedia.org/wiki/%EB%AF%B8%
EA%B5%AD%EC%9D%98_%EC%95%84%EB%A9%94%EB%A6%AC%EC%B9%B4
_%EC%9B%90%EC%A3%BC%EB%AF%BC; Begley, Sharon & Murr, Andrew. The
First Americans. Newsweek.

180 Danver, Steven L. *Popular Controversies in World History: Investigating
History's Intriguing Questions*. pp.207~218.

181 Gruhn, Ruth. "Linguistic Evidence in Support of the Coastal Route of Earliest
Entry Into the New World". Man. New Series. vol. 23. no. 1.

182 Borg, Jim. Clues to a Polynesian-American Migration. Starbulletin.Com.

183 Lovgren, Stefan. Who Were The First Americans? National Geographic News.

184 상파울루대학의 월터 네베스Walter Neves 교수는 1만 5,000년 전쯤 순다랜드에서 오스트
레일리아 연안을 지나 남극해 쪽으로 해서 칠레까지 이르는 비교적 짧은 루트를 택한
인적 유입 가능성을 제기한다(Rother, Larry. An Ancient Skull Challenges Long-Held Theories.
New York Times 참조). 한편 1만 7,000년 전에서 5만 년 전 사이에 오스트레일리아나 멜라
네시아 원주민에 가까운 이들이 1만 5,000킬로미터에 달하는 거리를 항해하여 남미 브
라질까지 도달했다는 주장도 제기된 바 있다. 오스트레일리아 킴벌리의 한 동굴 벽화에
는 그 시기에 그려진 높은 고물의 배 그림이 있는데 이것은 대양 항해용임을 보여주고
있다(First Americans were Australian. BBC News. http://news.bbc.co.uk/2/hi/sci/tech/430944.stm
참조). 오스트레일리아나 멜라네시아 원주민들은 모두 아프리카에서 출발해 순다랜드를
거쳐 이동한 종족들이다. 따라서 비교적 이른 시기의 순다랜드인들이 항해자였을 가능
성을 배제할 수 없다. 동남아시아 인종 중에는 아프리카 흑인이나 오스트레일리아 원주
민에 거의 비슷하게 생긴 종족이 있다.

185 Oppenheimer, S. *Eden in the East: The Drowned Continent of Southeast Asia*.
p.197.

186 Gruhn, Ruth. "Linguistic Evidence in Support of the Coastal Route of Earliest
Entry Into the New World". Man. New Series. vol. 23. no. 1. pp.77~100.

187 Borg, Jim. Clues to a Polynesian-American Migration. Starbulletin.Com.; Key, Mary Ritchie. "Linguistic Similarities between Austronesian and South American Indian Languages". Pre-Columbiana I. nos. 1&2:5.

188 Schoch, Robert M. *Voices of the Rocks: A Scientist Looks at Catastrophes and Ancient Civilizations.*

189 Hancock, Graham & Bauval, Robert. *The Mars Mystery: A Tale of the End of Two Worlds.* p.189.

190 고대 이집트에서 춘분 날 정동正東에서 태양이 황소자리로 떠오를 때 황소 숭배 신앙이 발달했고 태양이 양자리에서 떠오르던 시기에 양 숭배 신앙이 발달했던 것은 사실이다. 사자를 나타내는 스핑크스가 이런 12궁도와 관련이 있을 수도 있겠으나 고대 이집트 신화에서 스핑크스에 부여된 더 중요한 상징성이 있다.

191 Breasted, J. H. *Ancient Records of Egypt: Supplementary Bibliographies and Indices.* vol. 5. p.132.

192 맹성렬.《오시리스의 죽음과 부활》. pp.231~233. p.241. pp.259~265.

193 Kemp, B. *Ancient Egypt: Anatomy of a Civilization.* 2nd Edition. p.15. 기자 대피라미드도 '쿠푸의 아켓Akhet of Khufu'이라 불렸다. 기자 지역은 고대 이집트인들의 중요 매장지였고 피라미드군은 파라오들의 무덤으로 여겨졌으니 당연한 일이다.

194 Shaw, Ian & Nicholson, Paul. *The Dictionary of Ancient Egypt.* p.19.

195 Silverman, David P. ed. *Ancient Egypt.* p. 121.

196 Akhet. Symbol Dictionary.Net. http://symboldictionary.net/?p=655; 봉우리가 둘인 신성한 산은 아켓산akhet-mountain 또는 제우Djew라 부른다. 이 산의 서쪽과 동쪽 봉우리들은 각각 마누Manu와 바쿠Bahku이다. Djew. Egypt Notes. http://egyptnotes.blogspot.fr/2010/03/djew.html 참조.

197 Wilkinson, Richard. *Reading Egyptian Art: A Hieroglyphic Guide to Ancient Egyptian Painting and Sculpture.* p.36.

198 Bunson, Margaret. *Encyclopedia of Ancient Egypt.* p.400.

199 Alford, Alan F. *The Midnight Sun: The Death and Rebirth of God in Ancient Egypt*. pp.14~22.

200 Budge, E. A. W. *The Egyptian Heaven and Hell. vol. III: The Contents of the Books of the Other World Described and Compared*. p.38.

201 Budge, E. A. W. *The Egyptian Heaven and Hell. vol. II: The Short Form of the Book Am-Tuat and the Book of Gates*. p.63.

202 Hoffman, Micheal A. *Egypt before the Pharaohs: The Prehistoric Foundations of Egyptian Civilization*. pp.296~297. 마이클 호프만은 상아판의 다른 줄들에 그려진 것들은 그림으로 인식하면서도 마지막 줄에 그려진 것들은 읽을 수 없는 초기 상형문자unreadable early hieroglyphs라고 규정하고 있다.

203 Waddell, L. A. *The Makers of Civilization in Race and History*. pp.564~567.

204 맹성렬.《오시리스의 죽음과 부활》. pp.251~265.

205 Rundle-Clark, R. T. *Myth and Symbol in Ancient Egypt*. p.155.

206 Beck, Pirhiya. Notes on the Style and Iconography of the Chalcolithic Hoard from Nahal Mishmar in Neonard, Albert. Jr & Williams, Bruce Beyers(ed), Essay in Ancient Civilization Presented to Helene J. Kantor. Studies in Ancient Oriental civilization. no. 47. p.51.

207 Shaw, Ian & Nicholson, Paul. *The Dictionary of Ancient Egypt*. p.19; Sphinx, The Adventures of Archaeology Wordsmith. http://www.archaeologywordsmith.com/lookup.php?terms=sphinx

208 Hassan, Selim. *Excavations at Giza*, p.265.

209 Betro, Maria C. *Hieroglyphics: The Writings of Ancient Egypt*. p.159.

210 Ibid. p.159.

211 맹성렬.《오시리스의 죽음과 부활》. pp.211~214.

212 Naydler, Jeremy. *Temple of the Cosmos: The Ancient Egyptian Experience of the Sacred*. pp.229~230.

213 Martinov, Georgi. *The Symbolism of the 'Twin Peaks' in Some of the Bronze Age Cultures*. p.5.; Dalley, Stephanie. *Myths from Mesopotamia*. p.325.; Cochran, Ev. *Martian Metamorphoses: The Planet Mars in Ancient Myth and Religion*. p.71.

214 Marinatos, Nanno. *Minoan Kingship and the Solar Goddess: A Near Eastern Koine*. pp.110~111.

215 그림 출처 : Noah's ark in ancient history: An international cultural koine.

216 Cochran, Ev. *Martian Metamorphoses: The Planet Mars in Ancient Myth and Religion*. pp.72~75. 만신전이 있는 곳은 수메르이며 그곳은 '쿠르-갈Kur-gal'이라 불렸다. 신들의 본거지는 현재의 메소포타미아 땅이 아니라 하계에 있었다. 김상일. 《인류 문명의 기원과 한》. p.387 참조.

217 Martinov, Georgi. *The Symbolism of the 'Twin Peaks' in Some of the Bronze Age Cultures*. p.2; Marinatos, Nanno. *Minoan Kingship and the Solar Goddess: A Near Eastern Koine*. pp.110~111.

218 Sjöberg, Å & Bergmann, E. *The Collection of the Sumerian Temple Hymns*. p.90.

219 Cochran, Ev. *Martian Metamorphoses: The Planet Mars in Ancient Myth and Religion*. pp.76~77. 에브 코크레인은 네르갈Nergal을 화성을 상징하는 신으로 보고 있으며 그런 맥락에서 '쿠르'를 해가 뜨고 지는 지평선으로 보고 있다. 이는 이집트학 학자들이 아켓이 있는 제우를 지평선으로 해석하는 것과 동일하다. 하지만 제우나 쿠르는 단순히 지평선으로 해석해서는 안 된다. Horowitz, W. *Mesopotamian Cosmic Geography*. p.281.; Ancient Near Eastern Hell Texts. Hell-On-Line. http://www.hell-on-line.org/TextsANE.html; Nergal. Wikipedia. http://en.wikipedia.org/wiki/Nergal; Nergal god. Ancient Mesopotamian Gods and Goddesses. http://oracc.museum.upenn.edu/amgg/listofdeities/nergal/

220 Green, Anthony. "Ancient Mesopotamian Religious Iconography" in Sasson, Jack M. *Civilizations of the Ancient Near East*. p. 1838.

221 Nergal. C. Netherworld Gods. http://www.bibliotecapleyades.net/sumer_anunnaki/esp_sumer_annunaki12e.htm; Chapter 8. *Gender and Sexuality in the Myth of Nergal and Ereshkigal in Harris, Rivkah. Gender and Aging in*

Mesopotamia: The Gilgamesh Epic and Other Ancient Literature. pp.129~146.

222 Frayne, Douglas. 1990. p.246.

223 와델은 '티아누-맛tianu-mad'으로 발음된다고 했다. 하지만 땅을 가리키는 '맛mad'은 수메르어가 아니라 아시리아어다. Kur. Monstropedia. http://www.monstropedia.org/index.php?title=Kur; http://www.monstropedia.org/index.php?title=Kur

224 Verill, A. Hyatt et al. *America's Ancient Civilizations*. p.314.

225 Hayes, John L. 1990. *A Manual of Sumerian Grammar and Texts*, Undeana publoications. p.21~22.; Rohl, David M. *Legend: the Genesis of Civilisation*. pp.134~135.

226 Schoch, Robert M. & McNally, R. A. *Voyages of the Pyramid Builders*. p.274. 메릿 루렌Merritt Ruhlen은 우리말의 굴cave이 kur와 동일 어근을 갖고 있음을 밝히고 있지만 '골'도 같은 어근에서 왔음은 알지 못한다. '골'은 산과 산 사이 골짜기나 깊은 구멍을 의미하며 '골로 가다'라는 예문에서 알 수 있듯이 저승을 의미하기도 한다. "골". 네이버 국어사전. http://krdic.naver.com/detail.nhn?docid=3060700&offset=IDIOM2186#IDIOM2186; "골". 위키백과 참조. http://ko.wikipedia.org/wiki/%EA%B3%A8; Bengtson, John D. & Ruhlen, Merritt. Chapter 14. Global Etymologies in Ruhlen, Merritt. *On the Origin of Languages: Studies in Linguistic Taxonomy*. p.301 참조.

227 와델의 원래 해석에는 티아누-쿠가 사자의 땅으로 되어 있다. Cochran, Ev. 1997. p.74.; Kur. Monstropedia. http://www.monstropedia.org/index.php?title=Kur; Kramer, Samuel Noah. 1961. p.76.

228 Jacobsen, Thorkild. 1976. p.53.; Gadotti, Alhena. 2014. p.17.

229 Marinatos, Nanno. *Minoan Kingship and the Solar Goddess: A Near Eastern Koine*. pp.110~111.

230 Cochran, Ev. *Martian Metamorphoses: The Planet Mars in Ancient Myth and Religion*. p.74.

231 Kramer, S. & Maier, J. *Myths of Enki, the Crafty God*. pp.82~83.; Cochran, Ev. *Martian Metamorphoses: The Planet Mars in Ancient Myth and Religion*. p.74.

232 Farber-Flügge, Gertrud. *Der Mythos Inanna und Enki unter besonderer Berücksichtigung der Liste der me*. p.105. p.125.

233 Turner, Alice K. *The History of Hell*. p.6.

234 Book of the Dead. Wikipedia. http://en.wikipedia.org/wiki/Book_of_the_Dead

235 신화의 주인공인 호루스가 윤리적 심판을 받으러 명계에 갈 이유가 없다. 그는 시간을 거슬러 죽은 오시리스가 있는 곳으로 향한다(맹성렬. 2009.《오시리스의 죽음과 부활》참조). 그곳은 땅 밑 세계에 있다. 하지만 그곳은 명계가 아니라 태양이 심야에 지나는 곳으로 오시리스의 장례식이 거행되는 곳이다.

236 Wallis Budge, E. A. *The Gods of the Egyptians. vol. 1*. p.170.

237 "퀘찰코아틀". 신화위키. http://ko.mythology.wikia.com/wiki/%ED%80%98%EC%B0%B0%EC%BD%94%EC%95%84%ED%8B%80; O'Brien, Terry J. *Fair Gods and Feathered Serpents: A Search for Ancient America's Bearded White God*. pp.43~57. ; Joins, Karen Randolph. *Winged Serpent in Isaiah's Inaguaration Vision*. p.413.

238 Miller, Mary Ellen & Taube, Karl A. *The Gods and Symbols of Ancient Mexico and the Maya: An Illustrated Dictionary of Mesoamerican Religion*. pp.104~126.

239 "재규어런디". 위키백과. http://ko.wikipedia.org/wiki/%EC%9E%AC%EA%B7%9C%EC%96%B4%EB%9F%B0%EB%94%94

240 Clark, E. J. & Agnew, B. Alexander. *The Ark of Millions of Years*. p.193. 마야 왕들의 대관식 때 보좌寶座로 사용되었다고 한다. 이를 통해서 마야 왕들은 자신들을 퀘찰코아틀과 동일시하려했던 것일까?

241 Waddell, L. A. *The Makers of Civilization in Race and History*. p.565.

242 Spence, Lewis. *The Myths of Mexico Peru*. p.11.; 앤드류 콜린스《아틀란티스로 가는 길》. 2006. p.316.

243 Prescott, William H. *History of the Conquest of Mexico. vol. 1*. p.10.; 앤드류 콜린스《아틀란티스로 가는 길》. 2006. p.320.

244 "테오티우아칸". 위키백과. http://ko.wikipedia.org/wiki/%ED%85%8C%EC%98% A4%ED%8B%B0%EC%9A%B0%EC%95%84%EC%B9%B8; Kowalski, Jeff Karl & Kristan-Graham, Cynthia. *Twin Tollans: Chichén Itzá, Tula, and the Epiclassic to Early Postclassic Mesoamerican World*. p.23.

245 Kowalski, Jeff Karl & Kristan-Graham, Cynthia. *Twin Tollans: Chichén Itzá, Tula, and the Epiclassic to Early Postclassic Mesoamerican World*. p.24 참조.

246 Teotihuacan. http://www.ancientscripts.com/teotihuacan.html

247 Markman, Roberta H. & Markman, Peter T. *The Flayed God: Mesoamerican Mythological Tradition*. p.415.; 앤드류 콜린스. 《아틀란티스로 가는 길》. 2006. pp.317~318.

248 "테노치티틀란". 위키백과. http://ko.wikipedia.org/wiki/%ED%85%8C%EB%85%B 8%EC%B9%98%ED%8B%B0%ED%8B%80%EB%9E%80

249 Allen, J. M. *Atlantis: The Andes Solution*. p.76.

250 Chinampas of Tenochtitlan. https://sidewalksprouts.wordpress.com/history/ international-history-of-urban-ag/tenochtitlan/; 전국귀농운동본부. 《생태농업이 란 무엇인가: 귀농총서 1》. pp.270~276.

251 The Floating Man-Made Islands of Lake Titicaca. http://www.oddarycentral. com/pics/the-floating-man-made-islands-of-lake-titicaca.html; 전국귀농운동본부. 《생태농업이란 무엇인가: 귀농총서 1》. p.271.

252 Blaha, Stephen. "The Origins and Sequences of Civilizations". Comparative Civilizations Review. vol. 57. pp.70~91.

253 Gotkowitz, Laura. *Histories of Race and Racism: The Andes and Mesoamerica from Colonial Times to the Present*. pp.167~168.

254 Bailey, J. *Sailing to Paradise: The Discovery of the Americas by 7000 B. C.* p.90.; Honoré, Pierre. *In Search of Quetzalcoatl: The Mysterious Heritage of South American*. p.166.

255 Scott, Heidi V. 2010. "Paradise in the New World: an Iberian vision of

tropicality". Cultural Geographies. vol. 17 no. 1. pp.77~101.

256 Willka, Zarate Huayta Álvaro Rodrigo. *The Lost Calendar of the Andes: Decoding the Tiwanaku Calendar and of the Muisca Culture*. pp.50~54.

257 Rumdle-Clark, R. T. *Myth and Symbol in Ancient Egypt*. p.169.; Quirke, Stephen et al. *The British Museum Book of Ancient Egypt*. p.49.

258 Budge, E. A. W. *The Egyptian Heaven and Hell. vol. III: The Contents of the Books of the Other World Described and Compared*. p.180.

259 Aldenderfer, M. A. & Craig, N. M. & Speakman, R. J. & Popelka-Filcoff, R. 2008. "Four-thousand-year-old Gold Artifacts from the Lake Titicaca Basin. Southern Peru". Proceedings of the National Academy of Sciences. vol. 115. pp.5002~5005.

260 Eerkens, Jelmer W. et al. "Pre-Inca Mining in the Southern Nasca Region, Peru". Antiquty. vol. 83. p.739.; Abbott, M. B. & A. Wolfe. "Intensive pre-Incan Metallurgy Recorded by Lake Sediments from the Bolivian Andes". Science. vol. 301.; Cooke, C. A. et al. "A Millennium of Metallurgy Recorded by Lake Sediments in Morococha, Peruvian Andes". Environmental Science and Technology. vol. 41.

261 Childress, David Hatcher. *Ancient Technology in Peru and Bolivia*. pp.118~152.

262 Bailey, Jim. *Sailing to Paradise: The Discovery of the Americas by 7000 B. C.* pp.66~68. 재미있게도 브라질과 페루의 파누안어에서 산이 '마나mana'다. 고대 이집트에서도 서쪽 끝에 있는 산을 마누산이라고 불렀다(Fletcher, Joann. *The Egyptian Book of Living and Dying: The Illustrated Guide to Ancient Egyptian Wisdom*. p.29 참조). 따라서 수메르 신화와 이를 조합하면 사르곤 왕이 갔다고 하는 곳이 서쪽 끝 땅의 산에 있는 호수인 셈이다.

263 Foerster, Brien. *Lost Ancient Technology Of Peru And Bolivia*.

264 Fox, Hugh. *Home of the Gods*.

265 메소포타미아 남부의 에리두가 수메르 신화 속 에리두가 아니듯이 메소포타미아의 우룩 역시 신화 속의 신성 도시 우룩이 아니었다. 메소포타미아 땅에 건설된 신성 도시들

은 모두 고대 이집트에서와 마찬가지로 수메르 신화 속 신들의 도시를 재현한 것이다.

266 Pye, Michael & Dalley, Kirsten. *Lost Cities and Forgotten Civilizations*. pp.19~20.

267 Allen, Jim. *Atlantis: Lost Kingdom of Andes*. p.74~77.; Marini, Alberto. "A Sumerian Inscription of the Fuente Magna, La Paz, Bolivia". The Epigraphic Society Occasional Papers. vol. 13. no. 311.; The Fuente Magna of Pokotia Bolivia. http://www.faculty.ucr.edu/~legneref/archeol/fuentema.htm

268 Hoffman, Michael A. *Egypt before the Pharaohs: The Prehistoric Foundations of Egyptian Civilization*. pp.290~291.

269 기원전 3000년경까지 거슬러 올라가 폴리네시아인들이 남미를 오갔다는 주장들이 제기되고 있다. 당시 인도네시아의 스파이스군도인들은 구대륙에서 광범위한 향료 네트워크를 갖고 있었고 종교적 순례가 이들을 매개로 이루어졌을 가능성이 있다.

270 Swaney, Deanna. *Bolivia: A Travel Survival Kit*.; Allen, Jim. *Atlantis: The Andes Solution*. p.83.; Verrill, A. Hyatt & Ruth. *America's Ancient Civilizations*. p.313.

271 Verrill, A. Hyatt & Ruth. *America's Ancient Civilizations*. p.313.

272 그래메 키어슬리Graeme Kearsley는 아카파나의 구대륙 유사어로 페르시아의 왕궁을 일컫는 아파다나apadana를 지목한다(Kearsley, G. *Inca Origin: Asian Influence in Early South America in Myth, Migration and History*. p.489 참조). 아파다나의 산크리스트어 기원은 '숨기는 곳', 또 그리스어로는 '저장고'라는 의미가 있다.; Apadana, Wikipedia. http://en.wikipedia.org/wiki/Apadana 참조.

273 Bolivia-Travelogue: Chile-Bolivia 2006. Lake Titicaca-Isla del Sol. http://www.break-fresh-ground.com/The-Americas/South-America/Bolivia/Travelogue-1111/Journal-13.html; Isla del Sol. wikipedia. http://en.wikipedia.org/wiki/Isla_del_Sol

274 Verill, A. Hyatt & Ruth. *America's Ancient Civilizations*. p.314. 사자뿐 아니라 호랑이도 포함되는 맹수성 고양잇과 동물들을 일컫는 단어다.

275 Browman, David L. & Fritz, Gayle J. & Wattson, Patty Jo. "Origins of Food-Producing Economies" in the Americas in Scarre, Chris. *The Human Past*. p.338.

276 Fialko, Yuri & Pearse, Jill. "Sombrero Uplift Above the Altiplano-Puna Magma Body: Evidence of a Ballooning Mid-Crustal Diapir". Science. vol. 338.; IGPP Researchers ID Unique Geological 'Sombrero' Uplift in South America. https://igpp.ucsd.edu/igpp-researchers-id-unique-geological-sombrero-uplift-south-america

277 파라다이스는 주변을 일컫는 'pairi-'와 벽을 둘러싸다는 뜻의 'diz'의 합성어로 '벽이 주변을 둘러싸고 있다'는 뜻이다. 흔히 담이 둘러싼 정원으로 해석되나 산들이 병풍처럼 둘러싼 고원 분지를 일컫는 말로도 볼 수 있다.

278 지난 1만 년 동안에 전 세계에서 일어난 화산활동 중에서 안데스 산지의 화산 구역에서 일어난 화산 폭발이 다른 어떤 화산 구역에서 일어난 것들보다 많았다. Tilling, R. I. "Volcanism and Associated Hazards: the Andean Perspective". Advances in Geosciences. vol. 22. p.125 참조.

279 Hancock, Graham. *Fingerprints of the Gods: The Quest Continues*. p.71.

280 "Antonio de la Calancha, Cronica Moralizada del Orden de San Augustin en el Peru, 1638" In Osborne, Harold. *South American Mythology*. p.87.; Hancock, Graham. *Fingerprints of the Gods: The Quest Continues*. p.70.

281 Budge, E. A. W. *The Egyptian Heaven and Hell. vol. II: The Short Form of the Book Am-Tuat and the Book of Gates*. p.63.

282 그레이엄 핸콕. 1996.《신의 지문》(상). p.102.

283 Janusek, John Wayne. *Identity and Power in the Ancient Andes: Tiwanaku Cities through Time*. p.61.

284 Abzu. Wikipedia. http://en.wikipedia.org/wiki/Abzu

285 Kynard. Troy. *The Esoteric Codex: Mesopotamian Deities*. p.28. ; Kramer, Samuel Noah. *Sumerian Mythology*. pp.62~63.

286 Frankfort, H. *Kingship and the Gods: A Study of Ancient Near Eastern Religion as the Integration of Society and Nature*. p.153.

287 Ibid. p.119.

288 Hancock, Graham. *Fingerprints of the Gods: The Quest Continues*. p.84.

289 Ibid. p.85.

290 Oannes. Encyclopaedia Britannica Online. http://members.britannica.co.kr/bol/topic.asp?mtt_id=67701; Seters, John Van. *Prologue to History: The Yahwist as Historian in Genesis*.

291 Dalley, Stephanie. *Myths from Mesopotamia*. p.326.; van der Toorn, K. et al. eds. *Dictionary of Deities and Demons in the Bible*. p.73.; Bottéro, J. *Oldest Cuisine in the World: Cooking in Mesopotamia*. p.248.; Campbell, J. *Historical Atlas of World Mythology. vol. 2*. p.107.; Sorensen, Eric. *Possession and Exorcism in the New Testament and Early Christianity. volume 2*. p.27.

292 오안네스가 구약 창세기에서 아담에게 지혜를 준 뱀이라는 견해가 있다(Gmirkin, Russell. 2006. *Berossus and Genesis, Manetho and Exodus: Hellenistic Histories and the Date of the Pentateuch*, pp.106~107 참조). 하지만 오안네스는 아담 그 자신, 즉 아다파였다고 봐야 한다(Dalley, Stephanie. *Myths from Mesopotamia:Creation,the Flood,Gilgamesh,and Others*. p.182 참조). 이 책의 들어가는 글에서 밝혔듯이 창세기 뱀의 모티브는 아다파에게 지혜를 준 엔키 신에서 빌려왔다고 보는 것이 맞다. 아다파는 엔키 신으로부터 받은 지혜(지식)를 인류에게 전파하는 역할을 했다. 베로수스Berosus는 오안네스를 문화영웅으로 묘사했는데 고대 메소포타미아의 기록에 아다파 역시 문화영웅으로 온 세상을 돌아다니며 인간들에게 인문, 예술, 과학을 가르친 문화영웅으로 되어 있다(Lafayette, Maximillien De. 2011. *Sumerian English Dictionary:Vocabulary And History*. p.100 참조).

293 Navarr, Miles Augustus. *Forbidden Theology: Origin of Scriptural God*. p.233. 고대 이집트 신화에서 오시리스는 물고기 상징과 깊은 연관이 있다. Hart, G. *What the Past Did for Us*. p.57 참조.

294 Davies, Nigel. *The Ancient Kingdom of Peru*. pp.58~60.

295 그레이엄 핸콕.《신의 거울》. p.348.

296 Sullivan, William. *The Secret of the Incas: Myth, Astronomy, and the War Against Time*. p.186.

297 그레이엄 핸콕.《신의 거울》. p.351.

298 Bolivia-Travelogue: Chile-Bolivia 2006. Lake Titicaca-Isla del Sol. http://www.break-fresh-ground.com/The-Americas/South-America/Bolivia/Travelogue-1111/Journal-13.html

299 Isla del Sol. wikipedia. http://en.wikipedia.org/wiki/Isla_del_Sol

300 그레이엄 핸콕. 《신의 거울》. pp.350~351. 헬리오폴리스뿐 아니라 멤피스, 아비도스 등 고대 이집트의 성도聖都들은 모두 눈의 바다에서 솟아오른 최초의 창조의 장소로 여겨졌다. 이들 도시들은 상징적인 하계의 성도들이었지만 티와나쿠는 고대 이집트나 수메르 신화 속에서 묘사된 하계에 존재하는 최초의 창조 장소처럼 보인다.

301 Posnansky, Arthur. *Tiahuanacu, The Cradle of American Man. vol. III.* pp.192~196.

302 Hancock, Graham. *Fingerprints of the Gods: The Quest Continues.* p.69.

303 Allen, J. Dating of Atlantis Based on Lake Levels on the Altiplano. http://www.atlantisbolivia.org/floodingdates.htm

304 Rawlinson, George. *History of Herodotus.* p.191.

305 Meggers, Berry G. "The Transpacific Origin of Mesoamerican Civilization: A Preliminary Review of Its Evidence and Its Theoretical Implications". American Anthropologist. vol. 77, no. 1.

306 북태평양이나 남태평양 쪽으로 해서 주로 연안 항해에 의존할 경우 항해하기는 비교적 용이하나 이동 거리가 길어진다. 태평양을 가로지르는 대양 항해를 택할 경우 이동 거리는 줄일 수 있으나 망망대해를 항해해야 하기 때문에 항해의 기술적 난이도 문제가 있다. 서쪽으로의 항해는 이런 문제들의 절충 지점에서 이루어질 수 있다.

307 Lowe, J. H. "Diffusionism and Archaeology. American Antiquity". vol. 31. no. 3. pp.334~336.

308 Allen, J. M. *Atlantis: The Andes Solution.* p.74.

309 Mark, Samuel. *From Egypt to Mesopotamia.* p.71.

310 Hart-Davis, Adam. *What the Past Did for Us.* p.52.

311 콜럼버스가 타고서 신대륙으로 간 산타마리아호보다 2배 정도 크다.

312 Hancock, Graham. *Fingerprints of the Gods: The Quest Continues*. pp.72~73.

313 위 그림 출처: Mark, Samuel. *From Egypt to Mesopotamia*. p.71. 아래 그림 출처: Mesopotamian God & Kings. www.mesopotamiangod. com/the-journey-of-nanna-to-nippurl

314 Hart-Davis, Adam. *What the Past Did for Us*. pp.45~46.

315 Ryan, Donald P. The Ra Expedition Revisited. http://community.plu. edu/~ryandp/RAX.html

316 An Interview with Famed Explorer Thor Heyerdahl. New Era Magazine. April 1972. https://www.lds.org/new-era/1972/04/an-interview-with-famed-explorer-thor-heyerdahl?lang=eng

317 Wilkinson, Toby. *Genesis of the Pharaohs: Dramatic New discoveries that Rewrite the Origins of Ancient Egypt*. p.197.

318 Budge, E. A. Wallis. *The Gods of the Egyptians*. p.485.

319 고대 이집트인들의 초기 선박들은 경칩이 달린 조립식이었다. 이런 선박은 해양에서뿐 아니라 육지에서도 배를 운반할 수 있도록 고려한 것이다. 물론 이런 식의 배들이 만들어진 것은 훨씬 후대의 일이겠지만, 그 먼 옛날에도 해양에서 배를 운항하고 이를 육지에서도 이동시키는 방식으로 먼 거리 여행을 했을 가능성이 있다. 고대 이집트 벽화에는 지상에서 배를 끌고 가는 그림들이 있다. 토르 헤위에르달이 보여주었듯이 대양 항해에 이용된 매우 오래 전의 배들이 갈대를 엮어 만들어진 것이라면, 지상에서 끌고 이동하는 것이 그리 어렵지 않았을 것이다.

320 Paine, Lincoln P. *Ships of Discovery and Exploration*. p.110.

321 권삼윤, "안데스의 축복, 티티카카湖에서 영혼을 씻다". 〈신동아〉. 2001년 12월 1일.

322 태양이 1시간 동안 지나는 지구상의 거리는 약 1,660킬로미터다. 어림 계산으로 할 때 크게 벗어나지 않는 수치다.

323 Schneider, Thomas. The West Beyond the West: The Mysterious "Wernes" of the

Egyptian Underworld and the Chad Palaeo-lakes. Journal of Ancient Egyptian Interconnections. vol. 2. no. 4. pp.1~14.

324 지중해를 통해 모로코 앞바다에서 아메리카 대륙을 향해 출발할 경우 북적도 해류를 타고 중미 쪽으로 가게 된다.

325 아소산 화산폭발, 이유는 환태평양 지역 '불의 고리' 때문? '눈길' 〈스포츠서울〉. 2015년 9월 15일. http://www.sportsseoul.com/news/read/291570; 김윤호. 2015. 심상찮은 '불의 고리'…지진·화산 활동 잇따라. 〈네이버뉴스〉. 2015년 9월 18일. http://news1.kr/articles/?2430137

326 그림 출처: 데이비드 롤. 《문명의 창세기》 p.613.

찾아보기

아담의 문명을 찾아서